HOLLY REISEM HANNA

ASSUMA O CONTROLE DO SEU TEMPO

20 MINUTOS PARA GERENCIAR SEU DIA

ubook

© 2019, Callisto Media
Copyright da tradução © 2020, Ubook Editora S.A.

Publicado mediante acordo com Callisto Media, Inc. Edição original do livro, *Time management in 20 minutes a day: simple strategies to increase productivity, enhance creativity, and make your time your own*, publicada por Callisto Media.

Todos os direitos reservados. Nenhuma parte deste livro pode ser utilizada ou reproduzida sob quaisquer meios existentes sem autorização por escrito dos editores.

COPIDESQUE Isis Pinto
REVISÃO Raquel Freire | Débora Ferreira
PROJETO GRÁFICO E ADAPTAÇÃO DA CAPA Bruno Santos
IMAGEM DE CAPA Taniasv/Adobe Stock

Dados Internacionais de Catalogação na Publicação (CIP)
(Câmara Brasileira do Livro, SP, Brasil)

Hanna, Holly Reisem
　　Assuma o controle do seu tempo : 20 minutos para gerenciar o seu dia / Holly Reisem Hannah ; tradução UBK Publishing House. -- Rio de Janeiro : Ubook Editora, 2020.

　　Título original: Time management in 20 minutes a day
　　ISBN 978-65-5875-041-3

　　1. Administração do tempo 2. Autorrealização 3. Conduta de vida 4. Sucesso I. Título.

20-47335　　　　　　　　　　　　　　　　　　　　　CDD-650.1

Ubook Editora S.A
Av. das Américas, 500, Bloco 12, Salas 303/304,
Barra da Tijuca, Rio de Janeiro/RJ.
Cep.: 22.640-100
Tel.: (21) 3570-8150

Sumário

INTRODUÇÃO 9

COMO USAR ESTE LIVRO 13

CAPÍTULO 1
Ataque sua caixa de entrada 19

CAPÍTULO 2
Estabeleça metas diárias 31

CAPÍTULO 3
Analise as prioridades 43

CAPÍTULO 4
Organizar e ordenar 55

CAPÍTULO 5
Gerenciamento de reuniões 67

CAPÍTULO 6
Fique focado 79

CONCLUSÃO
Pensando em si mesmo 91

Calendário de intervalo de tempo 103
Agradecimentos 105
Recursos 107
Referências 112

**Tempo é o que nós mais queremos,
mas o que pior usamos.**

WILLIAM PENN

Introdução

Antes de ser mãe, eu não me preocupava muito com o gerenciamento de tempo.

No âmbito profissional, eu tinha um trabalho formal com horário fixo, uma carga de trabalho relativamente consistente e metas estabelecidas, em geral, com antecedência. Chegava na hora certa, fazia meu trabalho bem e no fim do dia, voltava para casa. Minha agenda pouco se alterava e eu quase nunca precisava pensar em soluções fora do padrão. No âmbito pessoal, no entanto, a história era um pouco diferente. Nas noites de semana, minha rotina era encontrar uma receita rápida on-line, passar no mercado e prepará-la voando quando chegava em casa. O planejamento das refeições diárias estava longe de ser uma prioridade. Em vez disso, meu marido e eu vivíamos o momento. Aquela época de nossas vidas consistia em nos reunirmos com amigos em happy hours e jantares improvisados, dias despreocupados no lago e viagens sem restrições. Nosso tempo livre era nosso e não pensávamos em alguns dos luxos cotidianos que nós tínhamos, como realizar as tarefas conforme elas apareciam e aceitar convites de última hora para eventos e reuniões. A vida era espontânea e fácil. No entanto, tudo isso mudou quando me tornei mãe. Meu marido e eu planejamos ter filhos um ano depois de nos casarmos e ficamos entusiasmados quando chegou a hora. Finalmente, um pequeno para completar nossa família! A decisão de deixar meu trabalho e me tornar uma mãe em tempo integral foi fácil, pois eu não estava feliz como enfermeira. Achei que poderia usar este "tempo livre" para explorar diferentes caminhos de carreira e, por fim, começar algo novo. Olhando para trás, agora eu sei que foi neste momento que eu comecei a ficar sobrecarregada. Cuidar de uma criança era, no mínimo, um desafio. A privação do sono, o meu próprio negócio recém-formado e o meu velho modelo despreocupado de administrar o tempo estavam me deixando acabada.

Durante os primeiros anos, eu me encontrava num estado de constante exaustão, tentando fazer malabarismos para levar minha filha para brincar com outras crianças, ir às consultas médicas, trabalhar como autônoma e fazer as tarefas domésticas. Muitas vezes, eu me perguntava: "Como as pessoas fazem isso com tanta facilidade?" Eu questionava constantemente minha eficácia em todas as áreas da minha vida.

Lembro-me de uma vez quando minha filha tinha dois anos de idade. Eu estava no aeroporto, indo para a despedida de solteira de uma amiga, quando percebi que meu cartão de crédito não estava na minha carteira. Em pânico, liguei para meu marido e lhe disse que acreditava ter perdido o cartão. Ele imediatamente começou a investigar, ligando para os estabelecimentos onde eu o tinha usado pela última vez, mas nenhum deles tinha encontrado. Então lhe ocorreu, como uma brincadeira, perguntar à nossa filha se ela sabia onde estava o cartão de crédito da mamãe. Com certeza, ela sabia. No dia anterior, enquanto eu tentava trabalhar, entretê-la e administrar a casa, ela tirou o cartão de crédito da minha carteira e colocou em sua bolsa. Mesmo tendo ficado aliviada por saber que meu cartão de crédito estava seguro em casa, senti que estava falhando como mãe. Naquele momento, eu soube que meu método de "dançar conforme a música" precisava mudar.

Quando voltei da minha viagem, comecei a devorar livros e artigos sobre gerenciamento de tempo. Experimentei diferentes calendários, planners e ferramentas de produtividade on-line. Aos poucos, mas com segurança, testei diversas estratégias para ver o que funcionava e o que não funcionava. Foi por meio dessa experimentação que encontrei sistemas que me ajudaram a ganhar clareza, agilizar processos e fazer mais em menos tempo. Isso nem sempre foi fácil ou bem-sucedido, mas me ensinou que eu era capaz de ser uma mãe dedicada e uma empresária de sucesso ao mesmo tempo.

Hoje, dirijo um próspero negócio a partir de casa, administro vários freelancers e clientes e também lido com atividades normais do dia a dia, como cozinhar, limpar, buscar minha filha nas atividades extracurriculares e ajudá-la com seus deveres de casa. Mas agora, ao contrário de quando comecei, uso ferramentas simples e eficazes de gerenciamento de tempo que me permitem trabalhar menos enquanto ganho mais dinheiro e tenho mais tempo livre.

Já mencionei que também tenho tempo para aulas semanais de ioga, tomar café e fazer viagens de lazer, além de muito tempo de qualidade com a família e os amigos? Usando as ferramentas deste livro, acredito que você também poderá criar mais tempo livre para as coisas importantes da sua vida.

Se eu consigo fazer isso, você também consegue.

Como usar este livro

Imagine o seguinte: o despertador toca, mas em vez de desejar mais vinte minutos de sono, você acorda se sentindo revigorado e pronto para encarar o dia. Passa por suas tarefas matinais e tem até tempo para desfrutar do café da manhã e de alguns minutos de leitura do jornal antes de partir para o trabalho. Chegando ao escritório, você revisa sua agenda do dia e começa a riscar as tarefas da sua lista de afazeres. Quando chega a hora do almoço, você opta por uma vitamina e uma aula de ioga, o que o deixa relaxado e energizado ao mesmo tempo.

Sua tarde, que está repleta de reuniões em sequência, acaba sendo produtiva e intensa, e quando sai do trabalho, sente-se bem-sucedido e realizado. De volta à sua casa, você aprecia uma taça de vinho enquanto faz o jantar. Depois que as tarefas de casa das crianças e os afazeres domésticos estão prontos, você e sua família se sentam para jogar um jogo de tabuleiro. Você termina o dia com uma leitura tranquila e um longo e quente banho de espuma.

Isso parece fictício, como um sonho? Hoje em dia, a maioria das pessoas apressa seus dias, sentindo-se exasperadas, nervosas e ansiosas. Honestamente, é de se pensar que com todos os avanços tecnológicos atuais e conveniências modernas, como aspiradores e esfregões robóticos, e-mails na ponta dos dedos e a capacidade de baixar filmes, livros e músicas, teríamos mais tempo livre para fazer as coisas que amamos. Mas agora, mais do que nunca, as pessoas se sentem no limite, estressadas e com uma necessidade desesperada de algo diferente.

Embora existam muitas teorias sobre o porquê de estarmos tão ocupados o tempo todo, um fato permanece constante: não importa quem você é, onde vive ou qual é o seu trabalho, todos temos o mesmo período de 24 horas disponível para nós. Então, por que para alguns indivíduos esse período parece fluir a cada dia com alegria e facilidade, enquanto outros estão continuamente arrancando os cabelos tentando comprimir seus horários no mínimo de tempo possível?

Estou feliz que você tenha perguntado isso, porque neste livro, você encontrará sete capítulos impactantes que mostram como organizar sua vida e preenchê-la com mais coisas boas e menos estresse. Você verá maneiras de gerenciar e-mails e reuniões para encontrar seu foco, e criar e priorizar seus objetivos para se organizar, navegando por essas áreas com estratégias e métodos simples que são apresentados passo a passo.

Entretanto, antes de começar, quero que saiba que criar novos hábitos e introduzir novas estratégias requer tempo e esforço. Você não pode simplesmente estalar os dedos e se tornar instantaneamente mais produtivo. É preciso estar disposto a fazer um pequeno esforço agora para poder colher os benefícios mais adiante. Mudar velhos padrões, hábitos e comportamentos pode ser desconfortável, talvez até um pouco assustador, mas se você quiser ver transformações significativas em sua vida, tem que estar disposto a abraçar o processo.

Este livro servirá como seu guia pessoal para criar a vida com a qual sempre sonhou. Nele você explorará muitas estratégias, ferramentas e métodos diferentes de gerenciamento de tempo que podem ajudá-lo a alcançar mais tempo livre durante o dia. Embora essas abordagens não sejam novas, elas lhe darão uma estrutura completa para reorganizar seu dia, o que por sua vez, mudará sua vida para sempre.

Não se preocupe, se você encontrar um método que não se adapte à sua personalidade ou ao seu estilo de gerenciamento de tempo, passe para outro. Há múltiplas ferramentas e abordagens neste livro. Contudo, tenha sempre em mente que o melhor sistema de gerenciamento de tempo é aquele que funciona para você, não há "tamanho único" quando se trata de produtividade.

À medida que você avançar pelo livro, notará que algumas áreas em sua vida precisam de mais atenção do que outras. Embora possa ser tentador saltar para o tópico seguinte ou selecionar as informações, a melhor maneira de usar este livro é começando do início e seguindo até o fim. Cada capítulo se conecta ao próximo, para lhe dar uma visão completa sobre a administração do tempo. Enquanto você estiver lendo este livro, sugiro que tome notas e destaque ideias e ferramentas que gostaria de implementar em sua vida. E se você estiver tendo dificuldade em alguma área, volte e reveja o que acabou de aprender. Esta é sua jornada pessoal de gerenciamento de tempo e deve ser tratada como tal.

O ideal é que após a leitura de cada capítulo, você reserve vinte minutos para trabalhar nas etapas que são descritas em cada seção. Você pode descobrir que se destaca em algumas áreas e que precisa trabalhar um pouco mais em outras. Não desanime se levar um pouco mais de tempo para trabalhar em alguns dos processos. A gestão do tempo é um investimento em você mesmo e os adiantamentos rendem lucros ao longo de sua vida.

Se você estiver pronto e disposto a fazer as modificações necessárias em sua rotina e em seus hábitos diários, convido-o a ler este guia e começar a usá-lo. Não vou mentir: será trabalhoso. Contudo, você verá que assim como outros conseguiram, você também pode ter uma vida em que consiga levar seu dia com mais facilidade e satisfação, fazendo as coisas que são mais importantes para você. Muitas pessoas, incluindo eu mesma, já utilizaram essas comprovadas técnicas e estratégias com êxito para alcançar grandes coisas em suas vidas. De fato, eu nunca conseguiria escrever, quanto mais terminar este livro se não fosse pela utilização dessas simples estratégias de gerenciamento de tempo. Acredito que você possa fazer isso e eu estarei torcendo por você até o fim. Pronto para começar? Mãos à obra.

Uma olhada em um e-mail pode tirar de você 15 minutos de foco. Uma chamada em seu celular, um tuíte ou uma mensagem de texto podem destruir seu cronograma, forçando você a reagendar as reuniões ou deixar de cuidar de coisas realmente importantes, como o amor e a amizade.

JACQUELINE LEO

CAPÍTULO 1
Ataque sua caixa de entrada

A tecnologia é algo lindo, ela simplifica nossas vidas de muitas maneiras. Podemos assistir a filmes em plataformas *on demand*, encomendar compras on-line, tudo isso ao mesmo tempo que verificamos nosso e-mail. Mas, o lado ruim da tecnologia é que ela nos faz ficar hiperconectados e excessivamente distraídos, o que afeta dramaticamente nossa produtividade.

Comece pelas prioridades

Atualmente, a maioria das pessoas abandonou os tradicionais despertadores por smartphones para acordar pela manhã, o que faz desse aparelho a primeira (e a última) coisa que você vê todos os dias. Jogos, mídias sociais, notícias do mundo, nossas contas bancárias, todas essas coisas podem ser acessadas com apenas um toque ou um deslize do dedo. E de todos esses aplicativos, um se destaca por sua ampla utilização e pela capacidade única de fazer tantas pessoas resmungarem cada vez que o abrem: o e-mail.

É fácil acordar e verificar casualmente seu e-mail para ver o que está acontecendo. Infelizmente, isso faz você começar seu dia de folga com o pé esquerdo. Em vez de concentrar sua energia em seus projetos e tarefas mais importantes, sua mente se distrai com os desejos e necessidades de outras pessoas. Em vez de começar o dia de folga de forma proativa, você ativa o modo reativo.

Para aproveitar ao máximo sua clareza mental, estabeleça um horário para verificar seu e-mail quando você não estiver em seu momento mais produtivo do dia. Seus projetos e tarefas devem ter prioridade quando você estiver mais concentrado. Ao fazer essa simples mudança e utilizar corretamente seu horário nobre, você pode economizar inúmeras horas a cada semana.

Entretanto, como quebrar o hábito de verificar os e-mails logo pela manhã? Se você estiver usando seu smartphone como despertador, desligue todas as notificações automáticas para não se sentir tentado a olhar quando um alerta dispara. Assim que você sair da cama, pegue o telefone e coloque-o em sua bolsa ou em algum lugar onde você não fique inclinado a verificar — como dizem, o que os olhos não veem... Faça o mesmo com o notebook e/ou o tablet. Desligue todos os alertas de e-mail e não abra nenhum outro aplicativo que não seja relevante para os projetos em que você está trabalhando.

Se isso for muito difícil para você, tente usar um despertador em vez do smartphone e desligue o aparelho antes de ir para a cama. Deixe seu telefone desligado enquanto estiver trabalhando; só o ligue novamente quando chegar, naturalmente, o momento do intervalo em seu projeto ou tarefa. Se ainda assim você não conseguir quebrar o hábito, baixe aplicativos como o Freedom, que bloqueia sites e aplicativos por um período, para que você possa se concentrar na tarefa em mãos.

Para evitar mensagens desnecessárias, se você mantiver o telefone ligado durante esses períodos sem e-mail ative o modo "não perturbe" (disponível nos iPhones e na maioria dos Androids), juntamente com uma resposta automática que informa aos outros os momentos em que você responde e-mails durante o dia. Além disso, ter uma assinatura de e-mail bem elaborada com detalhes essenciais, como seu nome, endereço, número de telefone, website, horário de expediente e perfis de mídia social é uma excelente maneira de evitar e-mails e perguntas desnecessários.

Se seu trabalho exige que você esteja constantemente conectado, solicite que as mensagens importantes venham por outro meio, como uma mensagem de texto ou uma chamada telefônica. Isso permitirá que você receba as mensagens mais importantes sem ter que mergulhar em e-mails logo pela manhã. Se sua empresa exigir que você esteja acessível via e-mail, configure filtros que classificarão as mensagens de acordo com a prioridade, deste modo somente as essenciais ficarão visíveis na janela principal.

> **IMPLEMENTAÇÃO:** O desligamento de notificações e alertas de e-mail, a criação de filtros de e-mail prioritários, a criação de uma assinatura de e-mail descritiva e o download de ferramentas que bloqueiam aplicativos devem levar um total de não mais do que 10 minutos.

Organizar e priorizar

Agora que você está no caminho de criar hábitos saudáveis em relação aos e-mails, é hora de colocar sua caixa de entrada em ordem. Assim como os arquivos físicos que você mantém para documentos importantes em casa e no trabalho, você deve ter um sistema para organizar os e-mails de acordo com o nível de importância. Para e-mails de trabalho, crie pastas individuais definidas por clientes, projetos e status prioritário, como "urgente", "hoje" (aquilo que precisa ser atendido imediatamente), "na próxima semana" e "mensalmente" (coisas que podem esperar). Você pode fazer o mesmo com seus e-mails pessoais.

Quando você prioriza e cria pastas, você desenvolve um sistema de arquivamento virtual que facilita a localização e a resposta às suas mensagens. A criação de pastas também evita que sua caixa de entrada se torne sua lista de afazeres virtual e reduz o estresse, mantendo os e-mails controlados.

FILTROS E MODELOS

Uma vez criado um sistema de organização para a caixa de entrada de e-mail, aprimore-o configurando filtros automáticos e respostas predefinidas para ajudar a racionalizar sua carga de trabalho e manter o sistema funcionando.

Se você assina boletins informativos, anúncios publicitários comerciais ou qualquer outra coisa que surja na caixa de entrada regularmente, configure filtros automáticos para classificar esses e-mails. Por exemplo, notícias e atualizações mensais de organizações profissionais podem ser facilmente arquivadas em diferentes pastas para serem lidas posteriormente, mantendo a caixa de entrada livre para os e-mails mais urgentes.

Não importa qual seja seu trabalho, você provavelmente receberá as mesmas perguntas repetidas vezes. A maneira mais fácil de lidar com isso é elaborar uma série de modelos de resposta, como "Obrigado por perguntar sobre nossa política de retorno" ou "Todos os itens podem ser devolvidos dentro de trinta dias após a compra para um reembolso total quando acompanhados do recibo original". Ao elaborar as respostas antecipadamente, você economiza o incômodo de ter que pensar em algo em cada ocasião e reescrever as mesmas respostas. Isso é ótimo porque você pode criar uma lista de modelos à medida que as perguntas chegam, para que não precise fazer nenhum trabalho extra. Com as respostas prontas, basta copiá-las e colá-las em um documento Word para recuperá-las facilmente.

O uso de um documento Word funcionará bem para armazenar seus modelos, mas um truque ainda mais eficiente que aprendi com Michael Hyatt (MichaelHyatt.com/Templates) é salvar minhas respostas prontas como diferentes assinaturas de e-mail. Quando uma mensagem chega, tudo o que tenho que fazer é selecionar a assinatura apropriada e o texto é gerado automaticamente no corpo do e-mail.

LIDANDO COM SOBRAS

E-MAIL   E-MAIL

Parece haver dois tipos de indivíduos quando se trata de e-mail: aqueles que mantêm suas caixas de entrada zeradas e aqueles que têm toneladas de mensagens precisando de atenção. Sou da linha de pensamento que defende que uma caixa de entrada visualmente sobrecarregada cria muito estresse e, portanto, prefiro mantê-la zerada. Veja como você pode fazer isso acontecer:

TODOS OS DIAS: Durante os momentos definidos para checar os e-mails, determine se cada nova mensagem precisa ou não de uma resposta.

1. Se for de natureza informativa e não exigir nenhuma outra ação de sua parte, arquive-a imediatamente em uma das pastas.
2. Se for necessária uma resposta e for bastante simples de responder, responda e tire o e-mail do caminho.
3. Se houver e-mails de natureza mais complexa que ainda não possa responder, arquive-os em uma pasta urgente para respondê-los mais tarde.
4. Se você está preocupado com a possibilidade de esquecer, pode usar a função soneca do Gmail, que permite arquivar e atrasar um e-mail até uma data ou hora posterior especificada.
5. Tente fazer o download do aplicativo de e-mail Spark, que pode postergar um e-mail até que você esteja pronto para respondê-lo. Você também pode usar o SaneBox, um software de gerenciamento de e-mails pago que possui a mesma função soneca e pode ser usado com todos os provedores de e-mail.

ANTES DE SAIR DE FÉRIAS: Se você planeja ficar fora da cidade, considere ativar a resposta automática com uma semana de antecedência. Ao fazer isso, os outros serão alertados sobre sua ausência e saberão que devem entrar em contato imediatamente se tiverem alguma coisa a tratar com você. Esperamos que isso impeça que e-mails urgentes cheguem à caixa de entrada enquanto você estiver fora. Sua resposta automática deve informar se você pode demorar a responder aos e-mails ou se não os responderá (nesse caso, você deve informar uma pessoa para contato enquanto estiver ausente). Além disso, peça para ser removido de qualquer grupo de e-mail enquanto estiver fora. Isso ajudará a reduzir o volume de e-mails que você recebe enquanto não está no escritório.

QUANDO VOCÊ VOLTAR: Quando você voltar de férias, ou mesmo depois de alguns dias fora do trabalho, sua caixa de entrada provavelmente estará inundada com novos e-mails que precisam de atenção. Quando for verificar esses e-mails, é melhor começar por aqueles enviados mais recentemente, indo do mais novo para o mais antigo. Embora essa abordagem possa parecer contraintuitiva, você evitará trabalho desnecessário respondendo a questões que podem já ter sido resolvidas. Eu também gosto de reservar um tempo extra para responder e-mails às segundas-feiras e depois de feriados ou folgas, pois sei que esses são os momentos em que terei mais e-mails em minha caixa de entrada.

> **IMPLEMENTAÇÃO:** Criar pastas e filtros automáticos deve levar menos de 10 minutos. Uma vez que você tenha tudo pronto, certifique-se de arquivar os e-mails imediatamente após lê-los, isso manterá sua caixa de entrada arrumada e gerenciável.

TORNANDO O E-MAIL FÁCIL

Criando pastas organizadoras

NO GMAIL: Clique no ícone da engrenagem no canto superior direito. Depois, clique em "Ver todas as configurações". Clique na aba Marcadores, no topo da página. Role para baixo e clique em "Criar novo marcador". A partir daqui, você poderá criar, nomear e organizar suas pastas conforme necessário.

NO E-MAIL DA APPLE: Vá para o topo da página e clique em "Caixa de correio". No menu suspenso, clique em "New Mailbox. Name" e classifique suas pastas de forma apropriada.

Para ordenar automaticamente as mensagens recebidas

NO GMAIL: Você precisará criar um novo filtro com base em critérios variados. Para isso, clique na seta na barra de busca na parte superior da tela e preencha as informações necessárias. Para este exemplo, usaremos um boletim informativo relacionado ao setor em que você atua. Digite o endereço de e-mail da organização, depois clique em "Criar filtro". Marque a caixa de seleção ao lado de "Aplicar o marcador" e escolha a pasta apropriada. Agora, todos os e-mails daquele remetente serão direcionados diretamente para uma pasta específica, mantendo a caixa de entrada livre para a correspondência mais importante.

NO E-MAIL DA APPLE: No topo de sua janela de e-mail, clique em Mail, depois, em Preferences, depois em Rules. Clique em Add rule e crie regras personalizadas baseadas em endereços de e-mail, linhas de assunto, datas, grupos, prioridades e muito mais.

O chat chama

Outro tipo de comunicação que pode ser prejudicial em alguns casos é o envio de mensagens instantâneas. Com plataformas como Skype, Facebook Messenger, Slack e mensagens SMS, há sempre alguém que está tentando chamar sua atenção. Talvez seja um amigo com uma história realmente boa para compartilhar ou seu cônjuge querendo planejar o fim de semana com antecedência. Para aproveitar ao máximo essas ferramentas, você precisa se lembrar para o que elas foram criadas: mensagens curtas e concisas.

Antes de enviar uma mensagem instantânea, determine o propósito desse envio. Se não for algo que possa ser abordado rapidamente em algumas frases, considere o uso de uma forma de comunicação que lhe permita entrar em mais detalhes, como e-mail, chamada de vídeo ou um telefonema. Se você sabe qual é o objetivo de antemão, pode evitar perder tempo com uma troca de mensagens desnecessária. Em poucas linhas, você precisa deixar claro seu ponto de vista rapidamente — deixe a conversa fiada para depois e garanta que sua redação seja clara.

Um dos maiores desafios com as mensagens instantâneas são as constantes notificações que podem distraí-lo do trabalho. Para evitar que as mensagens se tornem uma interrupção contínua, desative-as. Configure uma resposta automática como "Estou finalizando um projeto, mas responderei sua mensagem o mais rápido possível". Isto avisará ao remetente que você não está disponível. Assim como com seu e-mail, transmita a seus colegas de trabalho, família e amigos sua disponibilidade para responder às mensagens instantâneas, dessa forma, eles saberão quando podem entrar em contato com você.

Melhores práticas para gerenciar e-mails

Além de desenvolver bons hábitos de uso de e-mail e instituir sistemas de organização sólidos, há algumas dicas gerais de gerenciamento que você deve utilizar a cada dia para que o e-mail não consuma todo o seu tempo.

CANCELE A INSCRIÇÃO DE E-MAILS INDESEJADOS

Quanto tempo você gasta apagando e-mails promocionais e comerciais indesejados? Meu palpite é: muito. Quando você estiver lendo seu e-mail todos os dias, reserve alguns segundos a mais e cancele a inscrição de qualquer correspondência indesejada. A maioria das empresas facilita isso, incluindo um botão de cancelamento na parte inferior, o que geralmente leva apenas alguns cliques. Além disso, certifique-se de desmarcar a caixa de inscrição ao fazer compras on-line, com isso, você evitará que futuros e-mails promocionais acabem em sua caixa de entrada. Se você tiver o mesmo endereço de e-mail há algum tempo, provavelmente receberá mais e-mails promocionais e spam do que você consegue dar conta. Se esse for o caso, tente usar o Unroll.me. Esse aplicativo lhe dará uma lista completa de todas as assinaturas de e-mail que você tem e lhe permitirá cancelar qualquer inscrição facilmente.

NÃO UTILIZE UMA CONTA DE E-MAIL CONJUNTA

Assim como suas contas de e-mail de trabalho e pessoal devem ser separadas, é uma boa ideia ter contas separadas de outras pessoas. Compartilhar uma conta de e-mail cria um espaço superlotado onde vocês têm que ler e classificar as mensagens um do outro constantemente. Se os e-mails não forem organizados, isso pode resultar em mensagens que ficam na caixa de entrada porque cada parte assumirá que é para a outra. Ter uma conta conjunta também torna difícil manter as coisas organizadas, já que você não sabe se a outra pessoa quer manter a correspondência, apagá-la ou arquivá-la. Se você quiser estar em sintonia com seu parceiro, crie um calendário compartilhado; assim, vocês podem saber os horários um do outro sem ter que organizar e gerenciar as mensagens em conjunto.

MANUTENÇÃO MENSAL

Embora agora eu seja uma pessoa incrivelmente organizada, depois de nove anos de atividade e de acumular mais de quatrocentas pastas de e-mail diferentes, também tive que aprender a importância da manutenção regular a fim de manter as contas de e-mail ordenadas. Agora eu separo de vinte minutos a uma hora no fim de cada mês para limpar e-mails, arquivos e pastas antigos. Baixo os anexos e documentos importantes e depois os transfiro para uma pasta em meu computador. Guardo nomes, contatos e datas importantes em uma planilha e depois excluo a pasta e todo o seu conteúdo. Embora eu recomende criar tantas pastas quantas forem necessárias para sistematizar suas contas de e-mail, a digitalização de cerca de quatrocentas pastas (muitas das quais não uso há anos) leva tempo. Faça um favor a si mesmo e reserve pelo menos vinte minutos por mês para a manutenção rotineira de seus e-mails!

DESACELERE POR UM MINUTO

Alguma vez você já teve tanta pressa que leu um e-mail superficialmente, respondeu e depois descobriu que lhe escaparam alguns detalhes importantes? Confie em mim, todos nós já passamos por isso! Parece que hoje em dia estamos todos nos movendo em um ritmo tão acelerado para conseguir fazer as coisas que muitas vezes perdemos os pequenos detalhes. Para evitar confusões, erros e mal-entendidos posteriores, diminua a velocidade e leia seus e-mails com atenção. Apenas reservando um tempo extra para ler corretamente, você pode compreender melhor o contexto, quais passos são necessários e como responder de maneira concisa e útil.

Há pouco tempo, recebi um e-mail de uma pessoa que queria me entrevistar para um artigo que estava escrevendo. Como eu estava com pressa, dei uma olhada rápida na mensagem e agendei um horário posterior para responder às perguntas. Quando finalmente chegou o momento de responder, voltei e li cuidadosamente todo o e-mail. No fim da mensagem, ele informou que iria cobrar uma taxa pelo artigo; assim que li isso, respondi imediatamente que não estava interessada. Se eu tivesse avançado sem ler a mensagem completa, poderia facilmente ter desperdiçado uma hora ou mais dando respostas engenhosas e atenciosas a perguntas que nunca teriam sido usadas. Embora possa parecer contraintuitivo desacelerar quando você tem um bilhão de e-mails para responder, isso lhe poupará tempo em longo prazo porque você estará certo do que é necessário na primeira vez.

Lembre-se: com qualquer bom plano, é preciso tempo para transformar mudanças em hábitos. Assim que você começar a assumir o controle de seu e-mail, notará, pouco a pouco, um aumento em sua produtividade diária.

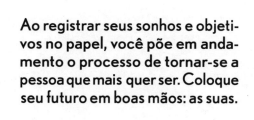

Ao registrar seus sonhos e objetivos no papel, você põe em andamento o processo de tornar-se a pessoa que mais quer ser. Coloque seu futuro em boas mãos: as suas.

MARK VICTOR HANSEN

CAPÍTULO 2
Estabeleça metas diárias

Tendo em mente o panorama geral, o que você precisa fazer hoje? Considere as pequenas tarefas que precisa completar para manter sua vida funcionando sem problemas, mas pense também no que você gostaria de realizar a curto e a longo prazo, tanto no âmbito profissional como no pessoal. Ao levar o tempo necessário para escrever seus sonhos e objetivos e compreender os passos necessários para alcançá-los, você tem muito mais chances de ser bem-sucedido.

Qual é o seu trabalho?

Você já se perguntou por que algumas pessoas correm tanto em seu dia a dia? Afinal de contas, todos temos o mesmo período de 24 horas, no entanto muitas pessoas lutam para conseguir cumprir apenas uma fração daquilo que gostariam de fazer. Muitas vezes, o trabalho importante é interrompido por tarefas triviais que se acumulam e obstruem nossos caminhos para o cumprimento real das metas. Uma maneira de superar esses obstáculos é definir o que se faz, assim como os passos necessários para chegar lá e depois dedicar o máximo de tempo possível a essa busca. Parece complicado? Não é. O método de intervalos de tempo, também conhecido como *time blocking*, pode colocá-lo no caminho certo. Com esta estratégia, você sabe exatamente quanto tempo você tem diariamente para cada tarefa em sua lista de afazeres. Se um trabalho não cabe em um intervalo, você precisa abandoná-lo, delegá-lo, terceirizá-lo ou reordená-lo.

DIVIDINDO O TEMPO EM INTERVALOS

Uma das razões para os intervalos de tempo serem tão eficazes é que todas as suas atividades diárias e o tempo necessário para completá-las são contabilizados, não deixando espaço para confusão. Quando você não trabalha com uma lista tradicional de tarefas, o elemento tempo não é incluído na equação, então é fácil se estender demais sem ter uma visão realista de quanto tempo leva para completar cada tarefa.

Para começar a fazer a divisão do tempo em intervalos, primeiro escreva uma lista de prioridades. Há muitas ferramentas diferentes que podem ser usadas para criar os intervalos de tempo, como o Google Calendar, um planner de papel tradicional ou mesmo uma planilha de cálculo preenchida com datas e horas (eu gosto de intervalos de trinta minutos). Basta ter certeza de que você está olhando para apenas um dia de cada vez e não para o mês inteiro. Então, comece a preencher cada intervalo de trinta minutos com os recados, compromissos e tarefas desse dia, começando com suas maiores prioridades.

Durante o planejamento, faço questão de sobrestimar o tempo que penso que levarei para completar uma tarefa. Também programo todas as minhas atividades diárias, como dirigir, tomar banho, comer, fazer o jantar e as tarefas domésticas. Ter um horário programado para cada tarefa permite saber de maneira precisa e realista quanto tempo você gasta por dia, facilitando, assim, a realização das tarefas.

	SEGUNDA-FEIRA	TERÇA-FEIRA	QUARTA-FEIRA	QUINTA-FEIRA	SEXTA-FEIRA	SÁBADO	DOMINGO
6 AM							
7 AM			Café da manhã				
			Planejamento do dia				
8 AM							
9 AM			Trabalho			Caminhada	
10 AM	Ioga		Ioga		Ioga		
11 AM							
12 PM			Almoço			Compras no shopping	
1 PM			Trabalho				
2 PM							
3 PM							
4 PM			E-mail				
5 PM			Preparação do jantar				
6 PM			Jantar				Planejamento de refeição
7 PM			Limpeza				
			Tempo com a família				
8 PM							
9 PM							
10 PM							
11 PM							

Para aproveitar ao máximo esse método, é melhor planejar com pelo menos um dia de antecedência. Normalmente, elaboro minha agenda na noite anterior em períodos de trinta minutos, agrupando alguns intervalos de tempo para projetos maiores e usando intervalos únicos para tarefas menos demoradas. Além disso, acrescento cada compromisso, evento e obrigação ao meu planner assim que é programado, o que ajuda a evitar conflitos de horário.

Quando se trata de criar intervalos de tempo, prefiro usar um planner tradicional que já esteja dividido em intervalos de trinta minutos para cada dia. O melhor desse método é que você pode adaptá-lo de acordo com seu estilo de gerenciamento de tempo e pode dividir as faixas de tempo em períodos que façam sentido para sua vida.

USANDO UM PLANNER: PAPEL VERSUS DIGITAL

Não importa qual meio de programação você escolha, o importante é que você esteja usando um sistema que o torne mais eficiente. Se preferir a conveniência de seu smartphone, considere o download do aplicativo Todoist. Com esse aplicativo, você adiciona suas tarefas e as atribui a uma categoria (por exemplo, casa, trabalho, férias, família, escola), e então define os prazos e níveis de prioridade. Você pode até mesmo compartilhar e atribuir tarefas a outras pessoas. O uso desse aplicativo permite que você organize e priorize trabalhos sem esforço para que sempre saiba o que deve fazer em seguida.

Se os planners de papel são sua ferramenta preferida, confira o LifePlanner™, da Erin Condren, que contém opções de programação mensal e de horas, definição de metas, anotações, adesivos e uma pasta para papéis soltos. A Erin Condren tem planners especializados para estudantes, professores e, em breve, para noivas. Portanto, não importa em qual fase da vida você está, há um planner que o manterá organizado e no caminho certo.

> **IMPLEMENTAÇÃO:** Para a máxima eficácia dos intervalos de tempo, preencha cada um com as tarefas do dia seguinte no fim de cada dia de trabalho, para que você possa começar a todo vapor na manhã seguinte. Quando você descobrir sua ferramenta preferida, essa prática levará apenas 10 minutos ou menos por dia.

Evite distrações digitais

Atualmente, a maioria das pessoas está grudada a seus smartphones. Você sai em público, mesmo com um grupo de amigos, e os olhos de todos ficam colados na tela de seus celulares. Há casos tão graves de FOMO (medo de ficar de fora, do inglês *fear of missing out*) que temos tendência a ignorar e perder os momentos e oportunidades que estão bem à nossa frente. Desde mensagens de texto e mensagens no Instagram, até e-mails e notificações de aplicativos, há sempre algo ou alguém competindo por nossa atenção.

Para encontrar um equilíbrio entre estar conectado e usar seu tempo construtivamente, você precisa estabelecer limites para que haja uma separação claramente definida entre as duas coisas. Quando estiver criando limites, pense em seus objetivos; isso pode ajudá-lo a determinar o tempo e as condições para usar ou não seu aparelho.

DESLIGUE AS NOTIFICAÇÕES PUSH

De acordo com pesquisas feitas por um associado da AskWonder, nos Estados Unidos, em média uma pessoa com smartphone recebe aproximadamente 45,9 notificações push por dia. Tenho certeza de que não preciso lhe dizer que ser interrompido quase cinquenta vezes por dia só pelo smartphone representa a morte da produtividade!

A maneira mais fácil de impedir que essas interrupções irritantes roubem seu precioso tempo é desligar seu smartphone enquanto está trabalhando. Entretanto, se desligar o telefone não for uma opção, reserve um tempo para analisar todos os aplicativos e desative todas as notificações não essenciais. As únicas notificações que permito em meu smartphone são mensagens de texto e chamadas telefônicas.

ESTABELEÇA LIMITES

Um dia, no verão passado, assim que minha família e eu chegamos à piscina comunitária, percebi que havia deixado meu smartphone em casa. Embora não houvesse necessidade de usar o aparelho — não estava esperando um telefonema de ninguém e não tínhamos marcado com nossos amigos —, me senti completamente perdida. Sou a primeira a admitir que sou viciada em meu telefone. Ele se tornou tão parte da vida cotidiana que há momentos em que, por instinto, eu o pego e deslizo o dedo pela tela sem uma boa razão.

Se você está levando a sério a criação de mais tempo em seu dia, é uma necessidade absoluta estabelecer limites digitais para si mesmo. Contudo, antes de poder instituir regras para o uso do smartphone, você precisa saber quanto tempo está gastando com seu aparelho e quais aplicativos são os maiores infratores. Para determinar no que seu tempo está sendo gasto, baixe um aplicativo de rastreamento de uso, como Quality Time, Social Fever ou App Detox. Ou, se você tiver um dispositivo iOS, use este simples truque sugerido por um escritor do *The Next Web*: "Pegue seu iPhone e clique no ícone de ajustes, depois clique na bateria. Nessa página, aparecerá uma lista de seus aplicativos mais usados com seus respectivos usos de bateria, mostrando as últimas 24 horas e os últimos sete dias. Para visualizar seu tempo real de tela em cada aplicativo, clique no ícone azul do relógio, à direita."

Como você pode ver no exemplo a seguir, em uma semana, passei 2,3 horas no Instagram, 1,5 horas no e-mail e 1,9 horas no Facebook. Não sei quanto a você, mas gastar um total de 5,7 horas por semana rolando tela sem um objetivo não é um bom uso do meu tempo. Isso são quase 23 horas por mês! Pense em tudo o que você poderia realizar se ao menos se tornasse mais disciplinado com o smartphone.

Agora que sabe onde seu tempo está sendo gasto, você pode criar limites para ajudar a controlar o uso. Enquanto criar regras como "Sem celulares na hora do jantar" ou "Nada de redes sociais após as sete da noite" pode ser útil para alguns, eu pessoalmente acho difícil me controlar com esse tipo de diretriz geral. Tenho mais sucesso com o método "o que os olhos não veem...". Sei que, se eu estiver sentada no sofá assistindo à TV ou lendo e meu telefone estiver ao alcance do braço, eu o pegarei mesmo sem ter motivo. É por isso que colocar seu aparelho fora do alcance, de preferência em uma sala separada, pode ajudar a limitar o tempo que você passa diante da tela.

Às vezes, tempos difíceis exigem medidas drásticas. Se o "o que os olhos não veem" não está funcionando para você, tente desinstalar do smartphone todos os aplicativos que te distraem e não são essenciais. Embora esse método possa parecer extremo, alguns relatos sugerem que a remoção de aplicativos que distraem, como o Facebook e o Facebook Messenger, resultou em vidas mais felizes e mais produtivas no dia a dia.

Se, após essas etapas, você ainda estiver com dificuldade para moderar o uso do smartphone, tente fazer o download do aplicativo Freedom. Isso lhe permitirá bloquear aplicativos, websites e até mesmo a Internet por um período de tempo específico. Há até mesmo um modo que impede que você faça o desbloqueio. Portanto, mesmo que a disciplina seja um problema para você, esse aplicativo pode reforçar os hábitos produtivos.

Melhores práticas para o estabelecimento de metas

"Um objetivo sem um plano é apenas um desejo."

-ANTOINE DE SAINT-EXUPÉRY

Antes de começar com objetivos diários, é crucial identificar aqueles que você gostaria de estabelecer em longo prazo, porque, sem identificar o que está tentando alcançar, você não terá uma pista sobre por onde começar ou o que fazer a cada dia. Para ter uma visão geral e saber em que focar, pense no que gostaria de realizar e depois divida esse objetivo em etapas menores para que você possa criar um roteiro de como chegar lá. Aqui, vou discutir um dos melhores métodos para estabelecer seus objetivos: o método SMART.

O MÉTODO SMART DE PLANEJAMENTO DE METAS

Você provavelmente já ouviu falar da sigla SMART, mas por que você deveria usá-la e como funciona? A técnica SMART apareceu pela primeira vez em um artigo de George T. Doran, na edição de novembro de 1981 da *Management Review*. Cada letra representa, respectivamente, cinco características: específico, mensurável, alcançável, relevante e temporal (*specific, measurable, achievable, relevant* e *time-bound*). O uso desse método pode ajudá-lo a ter clareza sobre o que você está tentando realizar, assim como sobre quando, por que e como implementá-lo.

Ao usar o método de estabelecimento de metas SMART, você é forçado a pensar criticamente em sua meta e no processo necessário para atingi-la. A melhor maneira de entender isso é usando um exemplo da vida real com o qual quase todos podem se identificar: perda de peso. **Comece com seu objetivo:** Durante os próximos três meses, quero perder três quilos indo à aula de zumba por uma hora, três vezes por semana, para me sentir confiante usando minha roupa de praia nas férias.

ESPECÍFICO: Quero perder três quilos durante os próximos três meses.

MENSURÁVEL: Farei aulas de zumba três vezes por semana durante uma hora com a intenção de perder um quilo a cada mês.

ALCANÇÁVEL: Se eu me comprometer a ir à aula três vezes por semana durante uma hora, então esse objetivo é alcançável.

RELEVANTE: Zumba é um exercício de alta intensidade em que os participantes queimam um número significativo de calorias, e a queima de calorias leva à perda de peso.

TEMPORAL: Vou me pesar semanalmente para garantir que estarei no caminho certo para atingir meu objetivo no prazo de três meses. Se eu não estiver no caminho certo para atingir minha meta, aumentarei minha rotina de treino para quatro ou mais dias por semana até atingir minha meta de perda de peso semanal.

Embora escrever seus objetivos e aplicar o método SMART sejam excelentes maneiras de começar, você precisa tomar medidas para atingir suas metas. Quanto mais ações você completar, mais rápido alcançará os resultados desejados. Com seu plano SMART em mãos, comece a listar todos os passos necessários que você precisará tomar para tornar sua visão uma realidade. No caso do exemplo apresentado, talvez fosse preciso encontrar uma aula de zumba dentro de seu orçamento e perto de casa. Talvez você não tenha uma balança, então precisaria comprar uma. Adicione todas essas etapas aos seus intervalos de tempo. Ao dividir os objetivos, você saberá exatamente como executar seu plano, por que ele funcionará e quanto tempo realmente será necessário.

NÃO ESPERE PELO ANO NOVO

Embora a virada do ano seja um ótimo momento para estabelecer metas e fazer resoluções, não permita que essa única data dite quando você deve começar algo novo. Cada dia lhe oferece um novo começo — aproveite-o ao máximo! De fato, em seu livro *The 12 week year: get more done in 12 weeks than others do in 12 months* ("O ano de 12 semanas: faça mais em 12 semanas do que muitos fazem em 12 meses", em tradução livre), o autor Brian P. Moran sugere abandonar suas metas anuais e, em vez disso, estabelecer metas trimestrais. Ele escreve: "Em doze semanas, simplesmente não há tempo suficiente para ficar complacente, e a urgência aumenta e se intensifica. O ano de doze semanas cria foco e clareza sobre o que mais importa e um senso de urgência para fazê-lo imediatamente. No fim, mais coisas importantes são feitas e o impacto nos resultados é profundo."

Após dois anos de uso do método de Brian para o estabelecimento de metas, consegui muito mais do que jamais poderia imaginar. Quando você estrutura suas metas trimestralmente, é muito mais fácil ver o processo até o fim; quando você tem um ano inteiro para atingir uma meta, acaba perdendo muito tempo porque adia tarefas até o último minuto. Você também está protegido de ter um "ano ruim" porque, se os planos de um trimestre derem errado, ainda há mais três períodos para realizar grandes coisas. Se você ainda estiver usando táticas de estabelecimento de metas anuais em sua vida, sugiro que experimente o método de Brian.

IMPLEMENTAÇÃO: À medida que você criar suas metas, também use um tempo para dividi-las de acordo com o método de definição de metas SMART. Depois, crie uma lista das etapas de ação que precisará realizar para tornar cada meta, e cada fase de cada meta, uma realidade. Esse processo só precisa ser feito no início de sua sessão de estabelecimento de objetivos e não deve levar mais do que 10 minutos para ser concluído.

Para dizer sim às suas prioridades, você precisa estar disposto a dizer não para alguma outra coisa.

AUTOR DESCONHECIDO

CAPÍTULO 3
Analise as prioridades

É fácil ficar sobrecarregado com uma lista de afazeres. Afinal de contas, você está tentando equilibrar tarefas pessoais, profissionais, familiares e comunitárias, tudo ao mesmo tempo. Em meio a esse malabarismo, como saber o que deve ser feito primeiro, especialmente quando tudo parece importante? Saber como priorizar suas tarefas facilitará sua produtividade e ajudará a conseguir mais coisas.

Determine o que é importante

Como você determina o que tem prioridade em sua vida? Quando surgem dois ou mais problemas simultâneos, como você sabe qual deles resolver primeiro? Aqui está um simples plano de cinco etapas para organizar suas tarefas e descobrir a ordem na qual você deve enfrentá-las:

1. **Ponha tudo no papel.** O primeiro passo em qualquer cenário de sobrecarga é deixar a mente livre de emoções o máximo possível. Depois, escreva todas as tarefas, compromissos, reuniões e obrigações em um planner ou em um caderno de anotações. Armazenar todas essas tarefas em sua cabeça é a maneira mais segura para esquecer alguma coisa, sobretudo quando se está sob pressão.

2. **Determine o que é urgente e o que pode esperar.** Divida sua lista em duas colunas: tarefas que precisam ser feitas imediatamente e aquelas que podem ser concluídas no dia seguinte ou em outro momento. Ao determinar o que abordar primeiro, reflita: "Quais itens já têm todas as peças no lugar para que eu possa avançar imediatamente?". Por exemplo, se você tem uma emergência de um cliente que poderia ser resolvida com uma chamada telefônica e um número de rastreamento que você já tem, por que esperar até mais tarde para fazer essa ligação? Por outro lado, se seu chefe está irritado e precisa de tranquilidade, mas está ocupado em reuniões o dia todo, por que tentar agravar ainda mais a situação iniciando uma conversa que não poderá ser concluída?

3. **Adicione tarefas relacionadas a seus objetivos de curto e longo prazo.** Uma vez identificadas as tarefas urgentes da lista, é hora de priorizar os passos necessários para completar suas metas pessoais. Como você já utilizou o método SMART para planejamento de metas, essas etapas devem estar prontas para que você as use na lista de tarefas.

4. **Atribua prazos.** Anote os prazos das tarefas urgentes, depois revise cada item na coluna "pode ser feito mais tarde" e estabeleça datas de conclusão realistas.

5. **Crie um cronograma com intervalos de tempo.** Primeiro, acrescente as tarefas mais urgentes aos intervalos de tempo em seu calendário ou planner. Em seguida, acrescente as tarefas que têm mais *valor*. Por exemplo, se você tem uma reunião agendada com um novo cliente importante e seria interessante rever o perfil dessa pessoa com antecedência, programe-se para fazer isso e ter certeza de que

estará preparado. Ao criar sua agenda, haverá alguns itens que não são negociáveis, outros que são mais flexíveis e alguns que podem ser descartados completamente. Cabe a você decidir o que é mais importante. Separar um tempo para refletir sobre as prioridades antes de criar o planejamento ajudará a fazer o que é mais importante em sua vida.

Se houver algum item do dia a dia na lista que você considere particularmente irritante ou não tenha certeza de como programar — como lavanderia, cozinhar as refeições, compras e limpeza —, pense sobre seu significado. Essas tarefas são absolutamente necessárias? Algumas delas podem ser eliminadas ou transferidas para a lista de afazeres de outra pessoa? Existe uma maneira melhor de concluir essas tarefas? Para qualquer item que não consiga riscar de sua lista, considere tentar uma das três estratégias simples de gerenciamento de tempo a seguir.

SIMPLIFICAÇÃO

Há muitas maneiras de simplificar sua vida, desde a organização do armário para que seja mais fácil encontrar e escolher uma roupa todos os dias, até a preparação de receitas simples para o jantar. Por exemplo, você pode querer fazer refeições caseiras para sua família, mas entre levar seus filhos para praticar esportes, ajudar com os deveres de casa e outras tarefas, há pouco ou nenhum tempo para planejar o cardápio, fazer compras e cozinhar. Uma ótima maneira de simplificar as refeições durante a semana é usar um serviço de assinatura de refeições. Esses serviços fazem as compras, cozinham e entregam, permitindo que você alimente sua família com refeições saborosas e nutritivas sem sobrecarregar a agenda. Eu pessoalmente gosto de sempre ter em casa itens convenientes como almôndegas congeladas, massas e misturas de saladas preparadas para aqueles dias em que estou ocupada, mas ainda quero fazer uma refeição saudável.

O que você decide simplificar depende do que é importante para você e das tarefas que gosta (ou não) de realizar. Eu não sou uma pessoa muito habilidosa, então é uma escolha fácil simplificar tarefas criativas comprando guloseimas, fantasias e decorações, em vez de fazê-las por conta própria.

Algumas outras maneiras de simplificar as tarefas incluem: **Reduzir o cansaço das decisões, criando rotinas diárias e planejando refeições, roupas, atividades etc. com antecedência** (por exemplo, na noite anterior). Quando tudo o que você precisa fazer é seguir um plano predefinido, as tarefas do dia a dia são muito menos estressantes e, muitas vezes, podem ser feitas em menos tempo.

Consolidar contas e/ou informações. Com serviços que lhe permitem visualizar todas as suas informações financeiras ao mesmo tempo, e aplicativos como o Hootsuite e Buffer, que permitem ler e publicar em todos os seus feeds de mídia social em uma mesma interface, tarefas como orçamento e correspondência pessoal podem ser feitas em uma fração do tempo.

Cancelar assinaturas de e-mails e revistas indesejadas. Em primeiro lugar, você não precisa limpar a bagunça se ela não existe!

Terceirizar tarefas indesejadas. (Veremos mais sobre isso nas páginas...)

Desentulhar sua casa, livrando-se do excesso de coisas que só ocupam espaço. Eliminando objetos sem utilidade e adotando uma abordagem minimalista para a decoração, você terá menos para arrumar no fim do dia ou quando for receber visitas.

Limpar enquanto trabalha. Embora possa parecer um trabalho extra no momento em que é feito, abrir e lidar corretamente com cada e-mail todos os dias — e resistir ao impulso de deixar para depois —, lhe poupará tempo no dia da limpeza. Da mesma forma, lavar pratos enquanto cozinha, em vez de deixá-los empilhados até depois do jantar, tornará a tarefa muito menos árdua; quanto mais tempo a louça ficar na pia, mais difícil será a limpeza.

AUTOMATIZAÇÃO

Você provavelmente tem uma lista repetitiva de tarefas domésticas. Itens como compras de mercado, pagamento de contas, consultas médicas, limpeza, compra de artigos de higiene pessoal, comida para cachorro e muito mais. Com todos os avanços tecnológicos atuais, não há razão para que você esteja sempre fazendo essas atividades quando elas podem ser automatizadas e retiradas de sua lista para sempre.

Se tiver um cartão de crédito, você pode automatizar a maioria, se não todas, de suas contas por meio da configuração do pagamento automático online. Você pode até mesmo automatizar as contas do cartão de crédito, configurando o pagamento automático nos canais do banco.

Você é cliente da Amazon? Então tire proveito do plano "Programe e Poupe". Com esse recurso, você encomenda itens uma vez, escolhe o período de assinatura e pronto. Esse programa não só lhe poupa o incômodo de adicionar manualmente pedidos de itens que você compra regularmente (alimentos e suprimentos para animais de estimação, fraldas, vitaminas, comida para bebê, artigos de higiene pessoal etc.), mas também lhe dá um desconto de cinco a dez por cento.

LOTE

Eu li pela primeira vez sobre lotes no livro de Timothy Ferriss, *Trabalhe 4 horas por semana: fuja da rotina, viva onde quiser e fique rico*. Já que esse livro é escrito para empresários, contém valiosas estratégias de gerenciamento de tempo, incluindo a ideia de lotes de tarefas. Ferriss escreve: "Há um tempo inevitável de preparação para cada tarefa, seja ela grande ou pequena. Normalmente, é o mesmo para uma ou para uma centena. Há uma mudança de marcha psicológica, e pode levar até 45 minutos para retomar uma tarefa importante que foi interrompida. Mais de um quarto de cada período de 9h às 17h (28%) é consumido por tais interrupções."

O pensamento por trás do lote é: em vez de distribuir suas tarefas e perder um tempo precioso na organização inicial e nas constantes interrupções, você separa um tempo, uma vez por semana ou uma vez por mês, para resolver um lote de funções relacionadas. Por exemplo, você pode agrupar tarefas como lavanderia, e-mail, tarefas pessoais, encomenda de compras e suprimentos on--line, estudos e pagamento de contas. Na minha rotina, eu resolvo esse tipo de tarefas pessoais e compromissos às sextas-feiras de cada semana. Ao fazer isso apenas uma vez por semana, diminuo o número de horas que passo dirigindo.

IMPLEMENTAÇÃO: Ao fim de cada dia, dê uma olhada em sua agenda e transfira para a lista de tarefas do dia seguinte qualquer coisa que não tenha feito. Você também pode acrescentar quaisquer novas tarefas ou compromissos e então priorizá-los no cronograma do dia seguinte. Criar a lista de tarefas e transferi-la para o planner deve levar menos de 10 minutos por dia.

Delegar

Mesmo com o melhor plano em vigor, ainda haverá momentos em que tarefas inacabadas e tarefas domésticas irão prejudicar sua lista de responsabilidades diárias. Esse é o momento de delegar. Eu sei que você provavelmente está pensando: "Se eu pudesse contratar uma faxineira ou uma babá, já teria feito isso há muito tempo." Embora contratar ajuda externa seja uma maneira viável de terceirizar tarefas indesejadas da lista de obrigações, não é a única maneira de delegar.

Se você está trabalhando com um orçamento limitado, comece com as outras pessoas que estão vivendo sob o mesmo teto que você — seu parceiro, seus filhos, um membro da família, colega de quarto etc. — e considere como as tarefas domésticas e outras obrigações são divididas. Talvez você tenha caído em uma rotina na qual há uma distribuição desigual do trabalho; você não tem que fazer tudo isso.

Comece pedindo ajuda e estabeleça um cronograma em que todos estejam contribuindo de maneira justa. Faça uma reunião familiar na qual todos possam pensar em maneiras de ajudar nas tarefas de casa. Até mesmo crianças pequenas podem ajudar nas tarefas domésticas. Na verdade, de acordo com um artigo na *WebMD*, crianças de dois ou três anos são capazes de fazer suas camas e arrumar os brinquedos.

Uma vez que as tarefas domésticas tenham sido mais uniformemente repartidas, analise as que restam. Existe uma forma de permuta ou orçamento para terceirizá-las? Por exemplo, sempre haverá tarefas que não são sua especialidade e, embora seja possível dedicar tempo para aprender a fazê-las melhor, nem sempre isso funciona. Nesse caso, talvez seja melhor contratar alguém que seja bom na execução dessa tarefa e encontrar uma maneira de encaixar esse serviço em seu orçamento.

O tempo é uma mercadoria limitada
"Os dias são longos, mas os anos são curtos."
-GRETCHEN RUBIN

Antes de me tornar mãe, o tempo parecia progredir em um ritmo regular, sem muita urgência. Agora, no entanto, parece que alguém pressionou o botão de acelerar e a vida está passando rapidamente bem na frente dos meus olhos. Seja como resultado de ficar mais velha, de ter filhos ou da era digital em que vivemos, há uma coisa que eu sei com certeza: o tempo é uma mercadoria limitada. Por isso é tão importante aproveitar ao máximo cada momento.

Embora não possa acrescentar mais tempo ao seu dia, você pode encontrar maneiras de maximizá-lo. Uma maneira de fazer isso é terceirizar tarefas para poder ter mais tempo para atividades e pessoas importantes. Tarefas como limpeza da casa, lavanderia, compras e jardinagem podem ser facilmente terceirizadas com alguns toques em seu telefone. No ano passado, comecei a utilizar o Instacart, que oferece um serviço completo de entrega de compras de mercado. Embora seja mais caro, ele libera facilmente duas horas do meu tempo e elimina o peso de ter que ir ao mercado.

IMPLEMENTAÇÃO: Determine se as tarefas extras podem ser delegadas, terceirizadas, automatizadas, racionalizadas ou excluídas de sua lista de afazeres. Assim que você decidir o que fazer com essas tarefas, tome as medidas necessárias para concluí-las. Quando você fizer isso diariamente, não levará mais de 5 minutos.

EVITE A PROCRASTINAÇÃO

Talvez você costume se distrair quando está sobrecarregado ou quando tem um projeto desafiador à sua frente. Para evitar que a procrastinação se infiltre, você deve se organizar, estabelecer prazos e eliminar as distrações externas. Se você já tentou as estratégias anteriores e ainda está lutando para encontrar motivação para começar, tente usar o Brain. fm, que disponibiliza músicas (selecionadas de acordo com pesquisas científicas) que ajudam a estimular o cérebro e influenciar estados cognitivos como o foco, ajudando-o a se concentrar no trabalho.

Atraso

Apesar das melhores intenções, nem todas as tarefas ganham prioridade em uma lista e não há problema nisso. Esses projetos não urgentes podem ser adicionados à sua lista de metas de longo prazo e completados quando houver mais tempo livre em sua agenda. Em muitos casos, atrasar uma tarefa que não é urgente é, na verdade, a coisa mais eficiente a fazer, pois libera tempo em seu planejamento para questões prioritárias.

LISTA DE LONGO PRAZO

Manter uma lista de longo prazo pode ajudá-lo a rastrear seus objetivos ao longo do tempo. Embora, em muitos aspectos, pareça semelhante a uma típica lista de afazeres, esta é muito mais fluida. Algumas tarefas que ontem não eram importantes, como limpar o quarto de hóspedes, de repente se tornam importantes hoje devido a novas circunstâncias e eventos — por exemplo, você tem convidados chegando à cidade no próximo fim de semana. Enquanto isso, outras tarefas que antes pareciam importantes podem se tornar irrelevantes com o tempo e serem excluídas de sua lista.

Mesmo na lista de longo prazo, no entanto, a priorização é fundamental. Certifique-se de adicionar suas tarefas de longo prazo de acordo com a importância, atribuindo datas, quando aplicável, e verifique a lista semanalmente para assegurar-se de que nada será esquecido.

> **IMPLEMENTAÇÃO:** Tire um tempo para rever sua lista de metas de longo prazo a cada semana. Quando um item se tornar urgente ou mais importante, lembre-se de estabelecer as etapas para alcançá-lo e depois adicione-o ao seu cronograma de intervalos de tempo. A revisão da lista de longo prazo não deve demorar mais do que 10 minutos por semana.

Priorização perfeita

Embora estabelecer prioridades seja uma parte crucial da gestão de seu tempo, sejamos honestos: há um limite de coisas que você pode encaixar em seu dia a dia. Se você achar que sempre tem coisas demais a fazer, talvez precise adotar uma nova mentalidade.

Antes de ter minha filha, eu era a mãe perfeita. Eu tinha lido todos os livros sobre recém-nascidos e pais, meu marido e eu assistíamos às aulas de HypnoBirthing e eu estava pronta para meu novo papel, com minha bolsa de fraldas de marca e meus jeans de grávida de alta qualidade. Entretanto, como a maioria dos pais descobre, o bebê da minha cabeça e o bebê da vida real eram duas coisas totalmente diferentes. Meu carro, que eu jurei que estaria sempre limpo, estava repleto de farelos e manchas pegajosas de copinhos de bebê. Minha casa, que antes era impecável, estava repleta de brinquedos e equipamentos para bebês, com pisos que não eram limpos havia semanas. E o jantar passou de receitas gourmet de peixe e vegetais a qualquer coisa que eu conseguisse alcançar — na maioria das vezes, uma tigela de cereais, uma pizza congelada ou um simples prato com queijo e bolachas.

Descobri que, se eu quisesse sobreviver a essa transição e realmente aproveitar meu novo papel de mãe, teria que adotar uma nova mentalidade: "O mediano é bom o suficiente." Se eu continuasse deixando meu lado perfeccionista governar, eu estaria esgotada. Mesmo agora que minha filha está no ensino fundamental e muito mais independente, ainda vivo com essa mentalidade. Em seis curtos anos, minha filha se formará no colegial e depois irá para a faculdade. Então, por que eu daria prioridade à limpeza da casa ou à preparação de receitas de confeitaria em vez de passar tempo de qualidade junto à minha família — especialmente quando essas tarefas não me trazem alegria?

Para aqueles que encaram a vida como tudo ou nada, tentem mudar sua perspectiva. Em vez de assumir mais uma tarefa e se esforçar até a exaustão por causa de um ideal em sua cabeça, reflita sobre como você se sente. Imagine-se no futuro, olhando para trás, olhando para sua vida. Você está criando os tipos de lembranças que imagina em seus sonhos? Se não, algo precisa mudar. Você só tem uma chance com o tempo: uma vez esgotada, ela desaparece para sempre. Não importa o quanto você trabalhe, você nunca conseguirá recuperá-la. Portanto, se um trabalho voluntário de fazer bolos não é sua ideia de um bom momento, ou se isso faz você se sentir estressado e irritado, não o faça. Não há nada de errado em recusar educadamente ou se comprometer a levar guloseimas compradas na padaria. No fim das contas, as pessoas não vão se lembrar de você por seus produtos caseiros, seus cabelos perfeitamente penteados ou seu quintal meticulosamente bem cuidado. Em vez disso, elas se lembrarão dos momentos especiais que vocês passaram juntos e como você as fez se sentirem.

Quando se trata de perfeição, o ponto principal é este: pare de pressionar a si mesmo desnecessariamente para atingir um padrão inalcançável. Seja gentil com si mesmo e com os outros e pense em como *você* se sente e como você quer ser lembrado, então aprenda a deixar o resto para trás. Você é o único que pode decidir o que é prioridade em sua vida e o que não é. Não deixe que um pensamento irrealista ou a definição de sucesso de outra pessoa defina sua lista de tarefas ou sua ideia de bem-estar!

Ainda não vi uma casa em que faltasse espaço para armazenamento. O verdadeiro problema é que temos muito mais do que precisamos ou queremos.

MARIE KONDO

CAPÍTULO 4

Organizar e ordenar

Quando você está tentando equilibrar família, trabalho e tarefas domésticas é muito fácil deixar a desordem se acumular. Mas deixar as coisas desordenadas só acrescenta tarefas ao seu planejamento de longo prazo e, na maioria das vezes, esses acúmulos se tornam fontes de distração. Quando seu ambiente está arrumado e limpo, você passa menos tempo procurando coisas e há menos distrações visuais. O cuidado — em casa e no trabalho — não só traz facilidade para sua vida, como também lhe proporciona mais tempo para se concentrar em sua família e seus amigos.

Organizando (para iniciantes)
O primeiro passo para conseguir uma melhor organização em sua vida é arrumar sua casa, seu escritório e seu carro. Aqui estão algumas dicas e técnicas simples para trazer ordem ao seu dia a dia.

SEU ARMÁRIO

Há muitos métodos diferentes para organizar suas roupas, entretanto, a menos que você ache a organização uma coisa tão terapêutica quanto eu acho, você deve escolher um que não leve muito tempo e possa se encaixar facilmente em sua agenda.

Uma abordagem direta para enfrentar seu armário é o truque do cabide virado, de Peter Walsh, astro do *Extreme Clutter*. Primeiro, vire seus cabides de maneira que o gancho fique voltado para fora. Depois, durante os próximos seis meses, sempre que você usar um item, vire o cabide de modo que o gancho esteja voltado para dentro. Você também pode usar esse método com os sapatos, bolsas e acessórios, girando-os na direção oposta ou colocando-os em uma caixa e tirando cada item quando precisar dele. Os itens deixados na caixa não foram usados e devem ser descartados para ajudá-lo a organizar o armário. Ao fim do período de seis meses, considere livrar-se de qualquer roupa que não tenha usado (obviamente, você precisa considerar as peças que são usadas apenas em determinadas estações do ano ou em ocasiões especiais). Ao se livrar de roupas e sapatos não usados, você liberará espaço, tornando mais fácil, e mais rápido, vestir-se pela manhã.

SUA CASA

Quando se trata do resto da casa, tente usar o método das quatro caixas. Pegue quatro caixas, caixotes ou sacos e etiquete-os como "Doar", "Guardar", "Vender" e "Lixo". Comece com a parte mais desorganizada e coloque os itens em suas caixas designadas. Em seguida, jogue fora o que for lixo, liste e venda as coisas que têm valor, doe outros itens e guarde o resto. Esse método pode ser usado para qualquer cômodo de sua casa e como ele permite que você organize uma área de cada vez, é menos cansativo.

PRODUTOS VENCIDOS

É provável que haja produtos vencidos, obsoletos e pouco utilizados superlotando o precioso espaço de armazenamento em sua casa, tornando difícil encontrar os itens de que você realmente precisa. Para liberar espaço, comece a procurar nos armários de remédios, debaixo das pias, na despensa e na geladeira. Jogue fora quaisquer frascos velhos de loção, xampus e condicionadores de hotel e desinfetantes; paletas de maquiagem quebradas; condimentos, medicamentos e especiarias vencidos. Junte num mesmo frasco loções meio vazias, xampus etc. Coloque um lembrete no calendário para verificar todas as áreas de armazenamento da casa uma vez por mês, particularmente os banheiros e a cozinha, e jogar fora os produtos vencidos. Isso não só liberará espaço em prateleiras e armários, como também evitará surpresas indesejadas, tais como molhos estragados ou problemas causados por medicamentos vencidos. Como alguém que acidentalmente jogou um frasco de molho mofado em uma panela elétrica, eu aprendi essa lição da maneira mais difícil. Perda de tempo, energia e dinheiro!

SEU LOCAL DE TRABALHO

A organização não para em sua casa, também é essencial que seu espaço de trabalho esteja livre de bagunça, pois isso aumentará sua eficiência e produtividade. Uma das maneiras mais fáceis de organizar o escritório é tirar tudo das gavetas e agrupar, juntando todos os lápis e canetas, os cartões de visita, arquivos, papéis, decoração, e assim por diante. Muitas vezes, quando você organiza dessa maneira, percebe que tem um número surpreendente de itens de uma mesma categoria, tais como canetas ou clipes de papel. Nesse caso, teste seus lápis e canetas para ver quais funcionam, jogue fora os que não escrevem mais e doe o que estiver em excesso.

Se a papelada e os cartões de visita são suas principais fontes de bagunça, considere mudar para um sistema de escaneamento e arquivamento. O aplicativo Evernote Scannable para iPhone pode digitalizar documentos, recibos, fotos e cartões de visita. Se você é usuário do Android, o aplicativo Adobe Scan tem muitas das mesmas funções para ajudá-lo a se livrar dos papéis.

IMPLEMENTAÇÃO: A organização pode ser um processo pesado, por isso, é melhor reservar 10 minutos de cada dia para lidar com as diversas áreas de sua casa e com seu local de trabalho. Comece pelo armário, implementando o método do cabide virado, depois passe para as áreas que precisam de mais atenção. Talvez seja uma gaveta na cozinha ou uma pilha de papéis que esteja entulhando sua mesa. Ao trabalhar em uma área de cada vez, você verá mudanças positivas sem o peso de horas e horas de trabalho.

Tudo em seu lugar

A razão pela qual a bagunça se acumula, em primeiro lugar, é que as coisas não são guardadas como deveriam. Ao longo do dia, tente não jogar as coisas sempre no mesmo canto aleatório, na maioria das vezes, elas ficam lá e é aí que começa a desordem.

Antes de guardar as coisas, reserve um momento para definir onde o item deve ser armazenado. Uma maneira de determinar isso é pensando na frequência com que você usa um objeto. Por exemplo, se você usa canetas o tempo todo, faz sentido armazená-las em um lugar de fácil acesso, como em sua mesa, perto do telefone e em sua bolsa. Por outro lado, itens que você usa com menos frequência, tais como a câmera ou uma caixa de grampos de reserva, podem ser armazenados em uma gaveta ou na prateleira de um armário. Depois que você descobrir locais lógicos de armazenamento para seus itens, comprometa-se a colocá-los de volta nos devidos lugares quando terminar de usá-los.

GERENCIANDO SEUS DADOS VIRTUAIS

Seu computador e/ou tablet provavelmente são usados para múltiplas funções e, quando as fronteiras entre a vida profissional e a pessoal são muito tênues, o computador muitas vezes se torna um "tudo em um" que é difícil de classificar. Assim como para os arquivos físicos de sua casa ou escritório, você deve criar um sistema de arquivamento também para os dados virtuais. Para colocar seu computador em ordem, crie pastas para as várias áreas de sua vida. Gosto de usar duas pastas principais para arquivos virtuais, rotuladas "Profissional" e "Pessoal". Depois, dentro de cada pasta principal, em ordem alfabética, há pastas individuais para diferentes projetos, contratos, documentos e funções. Se eu estiver no meio de um projeto, movo essa pasta para a minha área de trabalho para acessar com mais facilidade. Depois que concluo o projeto, movo a pasta de volta para a pasta principal ou para um drive de armazenamento virtual.

Outra maneira de manter as coisas em ordem é organizando sua área de trabalho em zonas diferentes para que você possa localizar rapidamente os documentos e pastas.

Se arquivar não é seu forte, experimente um sistema automatizado como o DropIt para PCs e Hazel para Macs. Com esses aplicativos, você pode criar regras sofisticadas que automaticamente classificam, organizam, etiquetam e até excluem arquivos obsoletos.

Além de organizar os itens que você já possui, esteja atento a quaisquer novos itens que possa obter. Antes de decidir manter algo que provavelmente acabará como uma nova fonte de desordem, pense sobre sua praticidade e propósito. Por experiência, itens como amostras de produtos, recortes de revistas, calendários promocionais, bibelôs aleatórios e brindes de conferências e eventos raramente, se é que alguma vez, são usados ou guardados. Muitas vezes, é possível evitar desorganização recusando-se a aceitar quaisquer objetos que não tenham valor real.

Comece de novo

"Nós somos o que fazemos repetidamente. A excelência, portanto, não é um ato, mas um hábito."
-WILL DURANT, EM ARISTÓTELES

O cenário a seguir parece familiar? Seu despertador toca, mas, em vez de saltar da cama, você decide apertar o botão de soneca. Você pensa: "Tudo bem, não vou tomar banho, vou usar um xampu seco no cabelo e prendê-lo num coque desarrumado, mas estiloso." Porém, enquanto está aquecido e acomodado na cama, você não volta a dormir; pelo contrário, você é consumido por pensamentos sobre o que precisa fazer. Quando finalmente sai da cama, você se vê correndo freneticamente de quarto em quarto, tentando preparar todos, inclusive você, para o dia. O cachorro precisa passear, seus filhos precisam de assinatura nas autorizações de passeio da escola, você não consegue encontrar as chaves do carro e, quando percebe, está atrasado e de mau humor.

Uma das maneiras mais fáceis de evitar essa loucura matinal é criando e implementando uma simples rotina noturna que irá preparar seu dia para o sucesso. Para começar a cultivar uma rotina noturna saudável que se torne um hábito, sugiro abordar estas três áreas: planejamento, preparo e devolução.

PLANEJAMENTO NOTURNO

Apesar de, provavelmente, não estar com disposição para pensar nas tarefas e compromissos da manhã seguinte no fim de um longo dia, você vai agradecer a si mesmo pela manhã quando conseguir fazer tudo com mais facilidade. Pegue rapidamente um pedaço de papel (ou faça login em seu aplicativo favorito para smartphone) e reserve alguns minutos para organizar o que precisa ser feito. Assim que terminar sua lista, comece a preencher os intervalos de tempo com as tarefas mais urgentes do dia seguinte. Posso lhe dizer por experiência própria, que levar alguns minutos para planejar antes de dormir pode economizar horas perdidas no dia seguinte. Sempre que me esqueço de anotar minhas tarefas na noite anterior (ou pulo esse processo apenas porque não tenho vontade de fazer), minha produtividade sofre muito no dia seguinte. Não apenas começo mais devagar, como também costumo pular de tarefa em tarefa, muitas vezes me distraindo porque novas responsabilidades surgem em minha cabeça.

PREPARAÇÃO NOTURNA

Como a maioria das pessoas, você provavelmente tem uma rotina matinal regular. Acorda, toma banho, toma café da manhã, arruma a bolsa, alimenta os animais de estimação... mas raramente as manhãs são tranquilas e sem problemas. A gata vomitou por todo o tapete durante a noite, sua filha não consegue encontrar seu jeans favorito, falta um botão na camisa que você quer usar, ou, meu favorito, você tenta ligar o carro e a bateria está descarregada. As maneiras pelas quais sua rotina matinal pode ser interrompida são infinitas e, muitas vezes, desnecessariamente dolorosas.

Quando reserva cerca de vinte minutos a cada noite para se preparar para o dia seguinte, você torna sua rotina matinal um pouco menos estressante. Ao verificar a previsão do tempo, por exemplo, você pode decidir o que vai vestir no dia seguinte. Não se limite a apenas imaginar; retire as roupas do armário e deixe-as separadas. Ao ver e manusear as roupas, você pode antecipar qualquer surpresa, como a falta de botões, manchas, amassados, fios puxados em meias ou mesmo a falta de meias, o que lhe dá tempo e opção para consertar, encontrar ou escolher uma alternativa. Outras tarefas que podem interromper a rotina da manhã, mas que podem ser eliminadas na noite anterior, incluem: passar a roupa, fazer o almoço, preparar o café da manhã, programar a cafeteira, assinar formulários, tirar o lixo, programar a máquina de lavar louça (pontos bônus por esvaziá-la também) e arrumar sua bolsa.

É claro que alguns acontecimentos estão totalmente fora de seu controle, e honestamente, às vezes você só tem que dançar conforme a música. Entretanto, se reservar alguns minutos à noite para se preparar para o dia seguinte, terá pelo menos um pouco mais de espaço para contornar obstáculos inesperados.

ARRUMAÇÃO NOTURNA

Seu dia está cheio de trabalho, reuniões e longos trajetos, quando você chega em casa, a última coisa que quer fazer são as tarefas domésticas. No entanto, quando joga suas chaves em um lugar diferente a cada noite e esvazia seus bolsos na mesa da cozinha, você está apenas criando mais trabalho, estresse e distração para a manhã seguinte. Quando está consciente de onde põe suas coisas e separa um tempo para olhar nas áreas mais movimentadas da casa, como a cozinha e sala de estar, e colocar os objetos em seus devidos lugares, você poderá começar cada dia com tudo em ordem.

IMPLEMENTAÇÃO: Como parte de sua rotina noturna, programe de 10 a 20 minutos extras para olhar o cronograma do dia seguinte, escolha sua roupa e, se houver tempo, guarde os itens perdidos que estiverem fora do lugar. Ao dedicar alguns minutos extras a sua rotina noturna, você pode ajudar a garantir uma manhã mais suave e tranquila, o que vai ditar o ritmo de todo o seu dia.

Quando a casa é o trabalho e o trabalho é a casa

Embora trabalhar em casa proporcione inúmeros benefícios, as linhas tênues entre a vida profissional e a vida doméstica podem dificultar que se esteja realmente focado tanto no trabalho como nas atividades de lazer. Sem estabelecer limites distintos para essas duas áreas, é muito fácil que aqueles que trabalham de casa se distraiam e acabem trabalhando mais, ou menos, do que devem. Ter um horário predeterminado, um espaço de trabalho separado e uma rotina de trabalho regular pode ajudar a manter um equilíbrio saudável.

HORÁRIO PREDETERMINADO

Trabalhar em casa oferece muita flexibilidade, mas só porque você pode sair da cama e entrar no escritório não significa que você deva começar a manhã dessa maneira. Criar uma estrutura para o dia ajuda a sinalizar ao seu cérebro quando é hora de trabalhar e quando é hora da diversão.

Também é essencial que você comunique seu horário de trabalho à família, vizinhos e amigos para que eles não tirem proveito de seu status de pessoa que fica em casa. A maioria das pessoas nunca sonharia em pedir um favor a um funcionário de escritório tradicional durante o horário de trabalho, porém, por alguma razão, quando você trabalha em casa, as pessoas assumem que não há problema em pedir um pequeno favor rápido, como receber o cara da TV a cabo, assinar o recebimento de uma encomenda ou dar uma olhada no filho doente delas. Se você receber uma ligação pessoal durante seu horário de trabalho, deixe-a cair no correio de voz. Se for algo importante, você pode retornar; se não, ligue de volta em seu horário livre. Quando você respeitar seu horário de expediente, os outros também o respeitarão.

ESPAÇO DE TRABALHO SEPARADO

Um benefício de trabalhar remotamente é que você não tem as interrupções comuns no local de trabalho, como colegas, reuniões e barulho de escritório; no entanto, você tem que enfrentar distrações e tentações como TV, sua cama, animais de estimação, membros da família e tarefas domésticas que estão solicitando atenção. Por esta razão é tão útil ter um espaço específico de trabalho onde você possa fechar a porta. Isso não só permite que você filtre as distrações, bem como ajuda sua mente a entrar no modo de trabalho.

ROTINA DE TRABALHO

Usar um traje mais relaxado ao invés de um blazer e uma camisa engomada é uma das muitas vantagens de trabalhar em casa, mas você sabia que a sua aparência afeta tanto o modo como você se sente como seu desempenho? Em vez de andar do quarto para o escritório de pijama e pantufas de coelho, aja como se estivesse indo para um escritório de verdade. Tome uma ducha e vista-se com uma roupa que o faça sentir-se profissional. Você não precisa usar um terno ou pegar o ferro de passar, uma bela calça jeans e uma camisa limpa servem. O objetivo é passar do modo de descanso para o modo de trabalho e se preparar mentalmente para o dia que começa. Pela minha experiência, eu sou muito mais produtiva quando tomo banho e me visto para passar o dia. Quando não faço isso, costumo me sentir desarrumada e preguiçosa. Se com essa simples prática você pode aumentar seu estado de alerta mental, profissionalismo e concentração, por que você não a usaria?

Melhores práticas de organização

A maioria de nós está no limite mental, físico e emocional, e uma vida organizada pode muitas vezes parecer inalcançável. Contudo, é preciso saber que a organização não vai acontecer da noite para o dia: ela é o resultado da criação de rotinas e hábitos saudáveis, integrados intencionalmente em nossas vidas.

Se você estiver se sentindo sobrecarregado, tente começar com apenas uma área ou tarefa, sem se preocupar com o resto. Às vezes, você só precisa de um pequeno esforço e, dando um passo à frente, pode realizar com mais facilidade a tarefa que precisa concluir. Continue colocando um pé na frente do outro e antes que você perceba, terá alcançado seu objetivo, o que lhe dará a motivação e o impulso necessários para passar para a próxima tarefa.

VOCÊ NÃO TEM QUE SER PERFEITO

Tanto no que se refere à minha vida pessoal como à profissional, sempre tive a sorte (ou maldição) de ser uma organizadora nata, bem como uma assumida maníaca por limpeza. Sou uma daquelas pessoas que acham a limpeza e a organização estranhamente terapêuticas. Mas, mesmo que eu, sem dúvidas, tenha essas tendências, há momentos em que luto para conseguir me manter no controle de tudo isso.

Um bom exemplo disso: há algumas semanas, organizei meu armário usando o método KonMari, de Marie Kondo, pegando cada peça de roupa e me perguntando: "Isso me traz alegria?" Por meio desse processo, consegui livrar o armário de uma enorme quantidade de roupas, sapatos, acessórios e lixo. Entretanto, se o armário está fantástico, o quarto de hóspedes, não; na verdade, esse cômodo é inútil no momento. Pilhas de roupas do meu armário, que estão prontas para serem vendidas ou doadas, serão jogadas em cima da cama e ficarão lá até que eu consiga um tempo em minha agenda, ou seja forçada a arrumá-lo para hóspedes que cheguem de surpresa. A questão é a seguinte: às vezes você precisa abraçar a filosofia de que o mediano é bom o suficiente; que sua casa está, na maioria das vezes, limpa; que suas tarefas domésticas acabarão sendo feitas, e que é perfeitamente bom ser mediano. Ser organizado não é ser perfeito ou ter uma casa ou estilo de vida dignos de Instagram. Trata-se de criar sistemas que ajudarão a facilitar sua vida para que você possa se concentrar no que é mais importante. Não sei quanto a você, mas esfregar o chão nunca será prioridade em comparação a aproveitar o tempo com minha família e meus amigos. Afinal de contas, o piso ainda estará lá esperando por mim no dia seguinte.

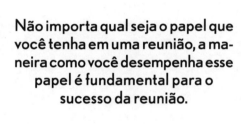

> Não importa qual seja o papel que você tenha em uma reunião, a maneira como você desempenha esse papel é fundamental para o sucesso da reunião.
>
> EMILY M. AXELROD

CAPÍTULO 5

Gerenciamento de reuniões

Quando são bem executadas, as reuniões podem ser um meio útil para motivar equipes, promover a colaboração e distribuir informações cruciais. Entretanto, na maioria das vezes, as reuniões acabam sem foco, redundantes e uma completa perda de tempo para todas as partes envolvidas. Basta pensar em todas as séries de televisão, filmes e memes que gozam da cultura de escritório, especificamente a grande e importante (e comicamente disfuncional) reunião. Embora isso possa fazer você rir quando aparece na TV, não é tão engraçado quando você é o único na reunião tentando concluir tarefas.

Reuniões: considerações importantes

Cada participante envolvido em uma reunião tem uma função importante. Quer você esteja planejando a reunião ou esteja apenas como um participante, é fundamental que saiba quais são as funções esperadas de você para que possa contribuir da maneira mais eficaz e eficiente. Aqui estão algumas práticas para tornar suas reuniões mais bem-sucedidas.

PAUTA DE REUNIÃO

Uma reunião é tão boa quanto sua pauta. Qual é a finalidade da convocação? Qual é o objetivo final? Sem saber os objetivos, é impossível permanecer focado e ser produtivo. Não importa o papel que você desempenhe na reunião, certifique-se de compreender o propósito e de que haja uma pauta bem estruturada para apoiá-la.

Se você é o organizador da reunião, planeje desenvolver a pauta com antecedência e distribua aos participantes antes. Os itens a serem abordados incluem: objetivo, data, hora, local, participantes, qualquer coisa que os participantes devam preparar com antecedência, assuntos e a ordem dos temas a serem discutidos. Se tiver dificuldade para fazer uma pauta bem elaborada, você pode usar um modelo do Google Docs (Google.com/Docs), Smartsheet (Smartsheet.com) ou um aplicativo digital como o SoapBox.

Antes de enviar a pauta, reserve um momento para considerar quem precisa estar presente na reunião. O tema envolve toda a equipe ou é uma discussão mais focada que requer apenas algumas poucas pessoas principais? Ao incluir apenas o pessoal necessário, é mais provável que você se mantenha no caminho certo e que os participantes fiquem concentrados.

Como participante, é essencial que você compreenda o objetivo da reunião, quem está envolvido e seu papel na discussão. Prepare-se com um ou dois dias de antecedência, revisando a pauta, a lista de participantes e anotando quaisquer perguntas, preocupações ou ideias que você possa ter. Se não receber a pauta de uma reunião com antecedência, é perfeitamente aceitável solicitar uma ao organizador.

LIMITES DE TEMPO

Todas as reuniões devem ter começo e fim determinados. Portanto, se você é o organizador, precisa estar atento ao que é possível fazer no tempo estabelecido, saber quantos indivíduos estão envolvidos e quão complexo é o assunto. Para públicos maiores e questões complexas, limite o número de itens a serem discutidos, uma vez que essas variáveis em geral requerem mais tempo. Você também precisará estar ciente dos intervalos de atenção; pesquisas mostram que o envolvimento em reuniões começa a cair significativamente após cerca de trinta minutos.

É evidente que tanto os organizadores da reunião como os participantes devem planejar a chegada para cinco minutos mais cedo, o que significa que você precisará permitir uma margem de segurança entre seus compromissos. Se você for um participante e estiver atrasado, entre na reunião da maneira mais discreta possível. Não há necessidade de pedir desculpas ou perguntar o que está acontecendo, pois isso será uma distração. Depois da reunião, você pode perguntar a alguém o que perdeu ou pode esperar pelo e-mail com as conclusões e então fazer suas perguntas. Se for o organizador da reunião, comunique no convite que você começará pontualmente na hora de início indicada. Não espere por indivíduos atrasados; siga seu cronograma e, depois, eles podem acompanhar o que perderam no e-mail com as conclusões. Se você for exigente em relação ao horário de início da reunião, após algumas reuniões os participantes perceberão que é importante que não se atrasem.

Realização da reunião

Para garantir que sua reunião tenha os resultados desejados, é fundamental que tudo transcorra sem problemas e que os membros permaneçam focados no assunto. Com sua pauta como guia, informe brevemente o objetivo da reunião (porque haverá indivíduos que não se prepararam com antecedência) e reitere as regras básicas, tais como: desligar ou silenciar celulares, esperar uma pessoa terminar de falar para fazer perguntas ou não falarem todos ao mesmo tempo.

FOCO NO ASSUNTO

Como organizador, você será responsável por garantir que a pauta e os objetivos da reunião sejam seguidos. Caso alguém se desvie do tema, você precisará guiá-lo gentilmente de volta. Uma estratégia que a especialista em aprendizagem visual Lisa Nelson (do site SeeInColors.com) sugere para retomar uma conversa é chamada de *Parking lot method* (método do estacionamento), em que o mediador da reunião identifica o assunto fora da pauta e o registra com o nome de quem o abordou para que seja retomado posteriormente. Essa é uma excelente maneira de reforçar a importância de se manter no caminho certo, ao mesmo tempo em que permite que os indivíduos expressem suas opiniões. Sua pauta pode avançar e os itens alheios ao tema podem ser discutidos no fim da reunião, se houver tempo, ou em e-mails posteriores.

ETIQUETA DA REUNIÃO

Quando as reuniões se desviam do tema, os participantes frequentemente têm uma percepção negativa, que pode criar obstáculos à produtividade, ao foco e a um bom clima. Para que uma reunião seja construtiva, os participantes devem seguir estas três regras simples:

1. Em primeiro lugar, não seja uma distração para os outros. Não há nada pior do que o colega de trabalho barulhento e perturbador que chega atrasado e está sempre ao telefone, fazendo barulho com a caneta e reclamando de como nada é feito durante essas reuniões.
2. Esteja preparado para chegar mais cedo, guarde seu telefone, escute e participe ativamente da conversa.
3. Leve energia positiva para a sala. Sua energia é contagiosa e tem um tremendo impacto sobre os outros, então faça um esforço para levar o seu melhor para o encontro.

CONCLUINDO A REUNIÃO

Para garantir que a reunião termine no prazo estipulado, anuncie que o tempo está acabando cinco minutos antes do fim da reunião. Faça um resumo, atribua tarefas apropriadas aos membros e transfira tudo o que não foi discutido para a pauta da próxima semana. Também é bom elogiar a equipe por seus esforços, pois isso ajuda muito na construção de resultados positivos. Quando voltar à sua mesa, envie um resumo da reunião e do que foi acordado para garantir que todos estejam cientes de seus papéis e responsabilidades.

LIDANDO COM INTERRUPÇÕES

Todos nós já experimentamos um cenário como este: você está expressando uma ideia em uma reunião quando um colega de trabalho entra abruptamente, corta sua fala e, sem nenhuma vergonha, toma a palavra com sua própria pauta. Isso não só é frustrante e rude, como também é extremamente contraproducente. Para ajudar a reduzir as interrupções durante as reuniões, pode ser útil ao organizador estabelecer regras básicas para os comportamentos e resultados desejados antes do início da sessão. Se as regras não tiverem sido estabelecidas previamente, considere definir uma ou duas para um ambiente mais fluido e construtivo, tais como: "apenas uma pessoa fala de cada vez" e "devido às restrições de tempo, é muito importante que permaneçamos focados no assunto". É claro, haverá momentos em que você, como mediador, precisará assumir o controle da conversa e se dirigir aos infratores que estão interrompendo. Diga algo do tipo: "Matthew, agradeço sua contribuição, mas neste momento gostaria de voltar e ouvir o que Amy estava dizendo. Quando ela terminar, poderemos voltar e discutir seu ponto de vista." Ao evitar as interrupções, você dá a todos a oportunidade de falar e reforça as regras de engajamento.

Diga não: evitando educadamente sugadores de tempo

Os sugadores de tempo podem ter muitas formas, contudo, não importa como eles se manifestem em seu dia a dia, eles sempre parecem drenar seu bem mais precioso: o tempo. O bom, porém, é que você sempre pode apenas dizer *não*.

Não sei quanto a você, mas assumo que digo sim a pessoas, oportunidades e favores porque quero que todos gostem de mim e, subconscientemente, estou preocupada que se eu disser não, as pessoas ficarão chateadas ou terão uma visão negativa sobre mim. Basta pensar em todas as vezes em que você concordou com algo, seja se voluntariando para alguma tarefa, fazendo um favor ou permitindo que alguém roubasse seu tempo; há muitos cenários em que nos sentimos desconfortáveis em dizer não. Para sermos mais produtivos, e para não nos sobrecarregarmos, precisamos nos afastar dessa mentalidade e nos comunicar de maneira honesta, mas gentil, com as pessoas.

Se você tem dificuldade em dizer não, aqui estão algumas técnicas que podem ajudar a facilitar as coisas.

OFEREÇA UMA ALTERNATIVA

Uma das maneiras mais fáceis de dizer não (sem se sentir culpado) é oferecer uma alternativa. Por exemplo, se um colega de trabalho passar por sua mesa pedindo alguns minutos de seu tempo, você pode dizer que está ocupado no momento, porém estará disponível na hora do almoço. Dessa forma, você está respeitando seu tempo e fazendo de suas tarefas uma prioridade, mas ainda poderá ajudar mais tarde, quando isso se encaixar em sua agenda.

ADIE A DECISÃO

Não consigo nem mesmo dizer quantas vezes já concordei em tomar um café, ir a eventos para fazer networking e outros convites... E depois não pude ir, quando percebi quanta coisa tinha para fazer. Se assumir muita coisa é um problema comum em sua vida, adie a decisão. Dessa forma, você não estará dizendo nada, no entanto dará a si mesmo tempo para refletir e pesar todos os prós e contras de se comprometer com a obrigação. Quando você falar novamente com a pessoa, poderá lhe dar uma resposta baseada em sua disponibilidade real e não em culpa ou reflexo.

DECLINAR COM UM AGRADECIMENTO

Se você não quiser fazer algo, não há nada de errado em dizer um "não" curto e educado. Por exemplo: recentemente, fui nomeada para participar de um comitê do conselho escolar, o que teria exigido uma boa parte do meu tempo. Embora pudesse ter dado um jeito, eu sabia que aceitar esse compromisso seria um estresse a longo prazo, então respondi com um simples: "Obrigada por considerar meu nome, mas, devido a meus compromissos de trabalho, terei que rejeitar o convite neste momento." Dizer não nem sempre é fácil, entretanto, com tempo e prática, você aprende a respeitar seu próprio tempo e rejeitar convites educadamente quando isso for o melhor para você.

Na tela, mas não pessoalmente

Com todos os avanços tecnológicos atuais, tornou-se comum que as reuniões ocorram virtualmente, seja por teleconferência ou on-line, por meio de aplicativos. Não importa qual meio esteja sendo utilizado, existem algumas práticas que você deve aplicar para garantir que esses tipos de reunião funcionem bem.

PREPARAÇÃO VIRTUAL

Embora seja importante ter uma pauta e chegar cedo para qualquer reunião, há questões especiais que precisam ser consideradas antes de organizar ou participar de uma conferência virtual. O primeiro aspecto é decidir qual plataforma você vai utilizar para conduzir a sessão. Se você trabalha em um ambiente corporativo, é provável que sua empresa assine um serviço que gostaria que você utilizasse. Se for o caso, descubra qual é a ferramenta e familiarize-se antes da reunião. A maioria dos serviços oferece um modo de teste no qual você pode verificar se todos os seus sistemas são compatíveis e funcionam corretamente. Ao enviar o convite para a reunião, informe aos participantes qual plataforma você utilizará e ofereça as instruções necessárias sobre como fazer o download do software e o login. Uma das principais razões para que as reuniões virtuais comecem com atraso são os problemas com tecnologia, portanto peça aos participantes que façam um teste antes da hora marcada. Você deve informar a todos a hora e a data da reunião, mas não deixe de considerar o fuso horário de cada participante.

SUCESSO NA REUNIÃO

Sejamos honestos: quantas vezes você já realizou outras tarefas durante uma reunião virtual? Talvez estivesse navegando na internet, respondendo a um e-mail ou talvez tenha desligado o microfone porque estava falando com outra pessoa na sala. É especialmente difícil manter o foco e resistir a distrações durante reuniões virtuais, devido ao formato remoto e solitário. Para garantir que sua reunião virtual seja produtiva, tente seguir estas diretrizes:

→ **Dê responsabilidades aos participantes.** Quando estiver criando a pauta, atribua papéis aos participantes para que todos estejam engajados durante toda a reunião. Quando só uma pessoa domina a conversa, é fácil para os participantes se distraírem e perderem o foco. Ter um papel ativo os força a se envolverem na conversa.

→ **Arrume sua mesa.** Para desencorajar distrações, limpe sua mesa, guarde o telefone pessoal e feche todas as abas do computador, exceto as que você está usando para a reunião. Escute ativamente e faça anotações. Quando as pessoas sentem que estão sendo ouvidas, é muito mais provável que ouçam, assim, cria-se um ambiente mais criativo, interativo e produtivo.

→ **Verifique a iluminação e som.** Todos os participantes da reunião devem verificar a qualidade da iluminação e do som. Nada pior do que entrar em uma videoconferência e não conseguir ver o rosto de alguém devido à má iluminação. O mesmo vale para o som: teste o local com antecedência e certifique-se de que não haja eco, e de que todos os participantes façam o mesmo. Em um vídeo do YouTube intitulado *How to look good on a webcam* ("Como ficar bem na webcam", em tradução livre), o famoso fotógrafo Matthew Rolston sugere usar a luz natural do sol de uma janela ou uma simples luminária posicionada bem acima da lente de seu dispositivo para dar ao rosto um brilho agradável e atraente.

→ **Faça contato visual.** Se tiver a opção, escolha um formato de vídeo, em vez de apenas áudio. Os participantes da reunião ficam mais engajados quando podem ver o que está acontecendo. Esse formato também impede que as pessoas fiquem checando e-mails ou percam o foco, porque todos podem ver o que estão fazendo.

→ **Estabeleça as regras da reunião.** No início da reunião, estabeleça um código geral de conduta. Por exemplo, dê tempo suficiente para as pessoas falarem, para que elas não sejam cortadas devido a atrasos tecnológicos, e solicite que os participantes desliguem os microfones caso haja barulho no lugar onde estão. Distrações sonoras podem rapidamente interromper todo o fluxo da reunião; assim, é preciso evitá-las o máximo possível.

IMPLEMENTAÇÃO: Dependendo de qual seja seu papel durante a reunião, você precisará de 5 a 10 minutos para se preparar. Se for o organizador, planeje passar algum tempo criando e distribuindo a pauta. Caso tenha outro papel, leia a pauta e anote quaisquer perguntas ou pensamentos que gostaria de trazer à tona. Quando a reunião terminar, o organizador precisará resumir os detalhes discutidos e distribuir as tarefas atribuídas. Os participantes precisarão dedicar alguns minutos para revisar as notas da reunião e programar quaisquer tarefas designadas. No total, as atividades pré e pós-reunião devem levar menos de 20 minutos para serem realizadas.

Máquina de reunião bem lubrificada

Mesmo com a melhor preparação, haverá momentos em que as reuniões não acontecerão como planejado. Os membros podem ficar frustrados porque a equipe não consegue chegar a um consenso ou talvez uma pessoa continue a se desviar do assunto, fazendo com que a reunião ultrapasse seu horário programado. Seja qual for o conflito, é preciso enfrentá-lo para que as tensões não se intensifiquem ainda mais.

É aqui que ser plenamente engajado é crucial. Muitas vezes, há sinais sutis de linguagem corporal que podem alertá-lo sobre conflitos. Quando você perceber que os indivíduos estão revirando os olhos, suspirando alto, fazendo barulho, cruzando os braços ou balançando a cabeça, faça algumas perguntas abertas que exigem mais do que sim ou não como resposta. Se isso não aliviar a tensão, assuma a tarefa de buscar pesquisas adicionais para respaldar o seu ponto de vista e apresentar o assunto na próxima reunião. Ao abordar tópicos que não estão caminhando para uma resolução, você pode validar as ideias dos indivíduos, enquanto dá tempo para que todos se acalmem.

Pode haver momentos em que o assunto da reunião será controverso. Quando esse for o caso, pode ser útil conversar separadamente, de forma breve, com cada um dos participantes de antemão para tratar de suas preocupações. Antecipando-se um pouco, você estará mais apto a se preparar para o inesperado, já que saberá o posicionamento das pessoas. Essa também pode ser uma excelente oportunidade para os participantes desabafarem e expressarem suas opiniões em um ambiente seguro. Encarar o problema abertamente pode ser outra medida útil para aliviar as tensões antes que elas aumentem. Comece a reunião dizendo algo como: "Sei que alguns dos assuntos que estamos discutindo hoje são controversos, mas quero pedir a todos que mantenham a mente aberta e sejam respeitosos uns com os outros para que possamos ter uma reunião produtiva."

A melhor maneira de reduzir conflitos e gerenciar o tempo de todos com sabedoria, em qualquer reunião, é estar bem preparado. Tanto os mediadores como os participantes devem saber o objetivo da reunião e o que se espera deles. Ao ter uma pauta detalhada e manter as reuniões com um tamanho gerenciável, convidando apenas o pessoal necessário, você terá uma chance muito maior de se manter no caminho certo e atingir os objetivos gerais.

A energia é a essência da vida. Todos os dias você decide como vai utilizá-la ao saber o que você quer, o que é preciso para atingir esse objetivo e mantendo o foco.

OPRAH WINFREY

CAPÍTULO 6
Fique focado

O último — e o qual eu acredito ser o mais importante — elemento da equação de gerenciamento do tempo é o foco. Com um fluxo constante de estímulos que nos chamam atenção, está mais difícil do que nunca se concentrar no que é realmente importante na vida. Mesmo com objetivos claros e níveis de priorização, há momentos nesta era digital em que pode ser totalmente impossível permanecer focado e no caminho certo. Neste capítulo, discutiremos algumas estratégias simples para trabalhar de forma mais inteligente a fim de que você possa alcançar todas as ambições de sua vida.

Tarefas de escalonamento adequadas
No capítulo 1, abordamos brevemente a importância de fazer primeiro as tarefas mais complexas ou criativas, quando seu cérebro estiver funcionando com o desempenho ideal. Contudo, como você pula para um

trabalho mentalmente desafiador quando há tantas distrações como ler e-mails, enviar mensagens de texto, conversar com colegas de trabalho ou tomar uma segunda xícara de café? Cal Newport, o autor de *Trabalho focado: Como ter sucesso em um mundo distraído*, sugere que, para desenvolver o hábito de completar um trabalho focado, precisamos praticar o tédio.

Não sei quanto a você, mas estar entediado pode, na verdade, ser um desafio. Quando estou tendo problemas para começar uma tarefa particularmente difícil, em vez de me permitir fazer uma pausa, eu vou dar uma olhada no Facebook para ver o que está acontecendo. Começo a rolar o feed e inevitavelmente me deparo com a atualização inesperada de um amigo, o que me leva a outro perfil e a um buraco negro. E tudo o que sei, é que perdi trinta minutos só porque não consegui me concentrar no meu trabalho mentalmente desafiador.

Em seu blog, em um texto intitulado "Have we lost our tolerance for a little boredom?" ("Perdemos nossa tolerância para um pouco de tédio?", em tradução livre), Newport escreve: "Coisas excepcionais — sejam ideias, escrita, matemática ou arte — exigem muito trabalho. Isso, por sua vez, requer momentos entediantes durante os quais você ignora uma mente suplicando por um novo estímulo — 'Talvez eu tenha recebido um e-mail com algumas notícias interessantes! Vamos conferir!'"

Embora o tédio pareça contraditório à produtividade, pode ser a motivação de que você precisa para começar as tarefas mais urgentes. Da próxima vez que estiver achando difícil iniciar um projeto ou manter o foco, resista ao impulso de navegar na internet ou perder tempo de alguma outra forma, e permita-se sentir o desconforto do tédio. Quando você permite que seu cérebro tenha um tempo sem muitos estímulos, estará lhe oferecendo o dom da quietude e do espaço, proporcionando a liberdade de vaguear e encontrar soluções mais criativas e fora da caixa. Por outro lado, você não quer apenas ficar sentado divagando: esse período de tédio ou não estimulação deve ser usado para trabalhar em tarefas importantes, projetos criativos ou em uma sessão de brainstorming.

Gerenciamento de tarefas de longo prazo

Pense em todas as pequenas tarefas que você faz todos os dias, como responder e-mails, resolver questões domésticas e fazer chamadas telefônicas. Embora essas tarefas sejam essenciais no dia a dia, nem sempre contribuem para seus objetivos de longo prazo. Para progredir no longo prazo, pense no capítulo 2, no qual você aprendeu as melhores práticas para a definição de metas. Você determinou o seu objetivo e o dividiu usando o método de estabelecimento de metas SMART; agora é hora de examiná-las e descobrir como alcançá-las, já que não podem ser concluídas de uma única vez.

Com suas tarefas de longo prazo, parece lógico começar no início e ir organizando até o fim. Entretanto, de acordo com pesquisas recentes, planejar seus objetivos de trás para frente é o método mais eficaz para atingir os objetivos de longo prazo. Um estudo de 2017 publicado na revista *Psychological Science* descobriu que: "Comparado com o planejamento antecipado, o planejamento retroativo não só levou a uma maior motivação, maior expectativa de metas e menor pressão de tempo, mas também resultou em um melhor desempenho relevante para o cumprimento das metas."

No planejamento regressivo, você começa com o resultado desejado e cria um plano de ação baseado nas etapas necessárias para atingir seu objetivo em um prazo determinado. É muito parecido com a engenharia reversa, em que você disseca o produto, peça por peça, para poder recriá-lo a partir do zero. Acho mais eficaz mapear meus objetivos em ordem inversa, porque isso me obriga a examinar criticamente cada marco, cada ação e a linha do tempo necessária para chegar lá. Quando começo do início, o escopo do projeto parece enorme e me sinto menos segura quanto ao ponto de partida, aos passos seguintes e ao tempo que levarei para completá-lo. Esse conceito pode parecer fácil demais, no entanto, às vezes são os menores ajustes que têm o impacto mais significativo em nossa produtividade geral.

POR QUE FAZER VÁRIAS COISAS AO MESMO TEMPO NÃO FUNCIONA

Você já tentou completar um projeto em seu computador enquanto diversas abas estavam abertas no navegador e diversos programas estavam rodando em segundo plano? Talvez você tenha notado que o computador começou a ficar mais lento à medida que você abria um maior número de abas e programas. Assim como um HD, seu cérebro é mais eficiente quando está concentrando toda a energia em um projeto de cada vez. Quando você está executando muitas tarefas, sua atenção está dividida entre vários trabalhos, o que torna muito difícil completá-los de forma oportuna e consciente.

Para ser mais produtivo, elimine as tarefas simultâneas de sua rotina e concentre-se na conclusão de uma tarefa de cada vez. Os métodos simples que discutimos até aqui – priorização, estabelecimento de metas e planejamento claramente definido – o ajudarão a estar mais presente e concentrado na tarefa que tem a sua frente. Ainda com a atenção dividida? Tente trabalhar em intervalos usando a técnica Pomodoro, de Francesco Cirillo. Com essa técnica, você escolhe uma tarefa para se concentrar e programa um cronômetro para 25 minutos. Durante esse tempo, você se compromete totalmente a trabalhar apenas nessa tarefa até que o cronômetro zere. Depois de completada, faça uma pequena pausa e em seguida inicie outra tarefa. Uma das razões pelas quais eu adoro esse método é que parece um desafio e isso me deixa mais determinada a passar por aqueles 25 minutos sem distrações. Ele também faz com que as tarefas pareçam mais factíveis. Afinal, qualquer um pode se comprometer a trabalhar em um projeto por 25 minutos.

Obtenha o que você precisa

Há alguns anos, quando minha filha estava no escotismo, eu me voluntariei para ser a mãe dos biscoitos, o que exigiu bastante do meu tempo. Não só tinha que anotar pedidos, entregar os biscoitos, coordenar as outras mães das tropas e manter o controle de milhares de caixas, como também tinha que administrar o lado financeiro — e deixe-me dizer, os biscoitos das escoteiras são um grande negócio. Junto com todas essas tarefas voluntárias, eu também tive que lidar com meus afazeres diários, familiares e pessoais.

Embora nossa tropa fosse relativamente pequena, a comunicação com uma multidão de mães com horários diferentes e personalidades de gerenciamento de tempo distintas era frequentemente um desafio. Durante as seis semanas de vendas, eu me vi esgotada muitas vezes porque eu estava sempre esperando que as pessoas fossem até mim, pegassem seus biscoitos ou entregassem o dinheiro para que eu pudesse cumprir os prazos para a tropa.

Quando você trabalha com outras pessoas em uma tarefa — seja um projeto de reforma da casa, uma proposta de trabalho ou uma angariação de fundos para a escola — e você espera que outras pessoas lhe deem retorno, orientação ou aprovação, isso pode descarrilar toda a sua programação bem-intencionada. Aqui estão alguns métodos que o ajudarão a obter o que você precisa para levar o projeto adiante.

COMUNICANDO-SE POR E-MAIL

Quando sua principal ferramenta de comunicação é o e-mail, você precisa pensar um pouco em seu pedido. Escrever um assunto curto, descritivo e bem elaborado é uma das maneiras mais fáceis de gerar uma resposta rápida. Em vez de usar um assunto genérico como "Olá", use esta fórmula:

Com esta linha de assunto, você comunica qual ação é necessária, qual é o tema tratado e quando a tarefa precisa ser concluída. Antes mesmo que o e-mail seja aberto, há uma compreensão clara do conteúdo, o que ajuda o leitor a agir.

Isso me leva ao próximo ponto: o que incluir no corpo do e-mail. Mantenha sua comunicação curta, leve e concisa, você não está escrevendo um artigo ou livro, portanto não há razão para ser prolixo. Seja direto, claro com sua pergunta principal e evite frases indiretas como:

→ Eu estava apenas me perguntando...
→ Favor ler o PDF anexo...
→ Eu sei o quanto você está ocupado, mas poderia...

Esse tipo de conteúdo atrapalha sua mensagem e é desnecessário. Ninguém quer ficar filtrando um longo e-mail para decifrar seu objetivo. Facilite a tarefa do leitor; prometo que você receberá uma resposta muito mais rápida quando as pessoas souberem exatamente o que você quer.

Em vez disso, seja proativo e use frases diretas que digam ao indivíduo exatamente o que é necessário, como:

→ As autorizações devem ser assinadas e entregues até sexta-feira, 10 de março...
→ Aqui está o cálculo de seus serviços do mês. Favor enviar a fatura para...
→ Favor ler o contrato anexo, assinar e devolver até...

TRABALHANDO COM DIFERENTES TIPOS DE PERSONALIDADE

No primeiro ano em que me voluntariei como a mãe dos biscoitos, tentei impor minha personalidade de gerenciamento de tempo "tipo A" a algumas das outras mães do grupo que eram mais calmas e tranquilas. Porém, logo aprendi o seguinte: por mais que se tente, não se pode mudar as pessoas a menos que elas queiram mudar. Uma maneira melhor de lidar com diferentes estilos de personalidade é planejar com antecedência, oferecer diferentes opções e permanecer flexível. Por exemplo, comecei usando meu método de comunicação preferido, que é o e-mail. Entretanto, depois de algumas semanas de respostas atrasadas, ou nenhuma resposta, descobri que, para que certas pessoas respondessem, eu precisaria usar o método preferido de comunicação delas. Quando comecei a me comunicar usando o meio preferido de cada pessoa (e-mail, mensagem de texto, telefonema e Facebook Messenger), consegui obter respostas muito mais rápidas. Conhecendo previamente o método preferido de cada pessoa, bem como preparando e informando opções como cronogramas, prazos e regras com antecedência, você consegue ajudá-la a se comunicar com mais rapidez.

Aprendendo a ouvir

"A maioria das pessoas não escuta com a intenção de entender; elas escutam com a intenção de responder."

-STEPHEN R. COVEY

Alguma vez você foi apresentado a alguém, mas ficou tão ocupado pensando em qual resposta daria que nem conseguiu se lembrar do nome da pessoa? Acho que a maioria de nós já passou por isso. Normalmente atribuímos essa atitude à memória ruim, embora, na realidade, seja mais provável que estejamos distraídos e não prestemos total atenção. A escuta ativa é essencial para ajudar a ganhar clareza e evitar mal-entendidos, e, se você estiver empenhado em escutar, a pessoa não precisa repetir o que acabou de ser dito.

Para se tornar um ouvinte melhor, olhe o orador diretamente nos olhos e concentre-se de verdade no que ele está dizendo. Embora seja tentador querer falar de imediato, espere até que o indivíduo esteja pronto antes de fazê-lo. Faça perguntas e reitere o que ele disse para que haja clareza. E guarde seu telefone. A menos que você esteja esperando por uma ligação urgente, não há nenhuma boa razão para usar o telefone enquanto conversa com alguém — isso não só é uma distração, mas também é grosseiro.

Esquivando-se de distrações

Tenho certeza de que você já ouviu falar de indivíduos que têm dez filhos, dirigem com sucesso negócios altamente rentáveis e viajam pelo mundo, tudo isso enquanto educam as crianças em casa — incrível, não?! Essas pessoas descobriram como se concentrar no que é importante enquanto filtram o resto. Uma maneira significativa de fazer isso é eliminando as distrações digitais.

De acordo com um estudo de 2016 feito pela agência de marketing Mediakix, em média, uma pessoa passará cinco anos e quatro meses de sua vida usando as mídias sociais — e esses números nem sequer contabilizam o tempo usado navegando na internet, respondendo e-mails e jogando on-line. Pense em tudo que você poderia fazer se limitasse o uso de mídias digitais diariamente. Você poderia entrar para um clube do livro, assumir um novo hobby, fazer exercícios ou até mesmo começar um negócio.

À medida que a tecnologia avançar e alcançar novos limites, as distrações digitais terão um papel mais predominante em sua vida diária. Para lidar com a situação, você precisará se tornar mais disciplinado em relação a como usa a tecnologia. No capítulo 2, você aprendeu algumas táticas simples para evitar distrações digitais, como desligar as notificações, deixar seu dispositivo em um cômodo diferente e ativar o modo "não perturbe". Mas e se essas táticas não funcionarem? Como evitar a tentação de pegar o telefone e rolar a tela sem pensar?

À MODA ANTIGA OU CONTEMPORÂNEO?

Há uma infinidade de aplicativos de produtividade e extensões para navegadores que podem ajudá-lo a bloquear sites e aplicativos que o distraem, meus favoritos são Flipd, StayFocused, Strict Workflow e

Freedom. No entanto, se a tecnologia está impedindo que você use seu tempo de forma construtiva, você deve tentar seguir à moda antiga e trocar os aplicativos digitais por produtos físicos. Se você precisar fazer uma anotação ou uma lista de compras, use um caderno, uma nota adesiva ou um quadro. Precisa marcar uma consulta? Use um calendário de papel ou um planner. Em vez de tirar fotos com o smartphone, pegue a câmera digital cara que você comprou, mas nunca usou, e tire algumas fotos de alta qualidade. Há uma infinidade de produtos elegantes e modernos que podem facilmente fazer as tarefas que você atualmente faz com o smartphone. Ao limitar o número de vezes que pega seu dispositivo, é menos provável que você caia no buraco negro da distração digital.

SISTEMAS DE RECOMPENSA

Talvez os sistemas de recompensa funcionem melhor para você. Se assim for, combine a técnica Pomodoro com uma recompensa digital. Concentre-se em uma tarefa por 25 minutos e depois permita-se uma pausa de cinco minutos para usar o Twitter, rolar o feed ou assistir a vídeos engraçados de gatos. Isso ajudará a evitar que as distrações digitais se infiltrem em seu tempo de trabalho, enquanto ainda permite pequenas doses de exposição às plataformas de que você gosta.

Mantendo a tarefa

No fim de minha carreira de enfermeira, trabalhei como coordenadora de uma clínica de pesquisa farmacêutica que ocupava três andares diferentes de um edifício comercial. Na época, eu estava cogerindo um estudo no terceiro andar e ajudando com outro ensaio clínico no primeiro. Eu ficava correndo por todo o edifício o dia inteiro para administrar os dois estudos com pacientes completamente diferentes e dois tipos diferentes de medicamentos. Nessa posição, assim como em outros cargos de enfermagem que desempenhei, ser multitarefas não era uma escolha: era a única opção.

Se você é um profissional que trabalha em uma área onde não há o luxo de poder realizar uma tarefa de cada vez, como organizador de eventos, garçom ou telefonista, aqui estão algumas técnicas que ajudarão a mantê-lo no caminho certo e evitarão que você fique sobrecarregado.

USE UMA FOLHA DE CONSULTA

Quando eu trabalhava como enfermeira, eu não vivia sem minha folha de gerenciamento de tempo. No início de um turno de trabalho, eu preenchia as informações do paciente, incluindo o número do quarto, o diagnóstico e as horas em que os medicamentos precisavam ser administrados. Gerenciando muitos pacientes com variados níveis de gravidade e que estavam tomando diferentes tipos de medicamentos, eu não me lembraria de cada informação importante sem anotá-la. Esta folha de trabalho era meu "cérebro extra" e eu a mantinha sempre no bolso para estar preparada.

PRIORIZE

Muitas vezes, quando eu estava no meio da avaliação de um paciente, outra luz de chamada se acendia, indicando alguém que precisava de assistência, talvez estivessem vomitando, com febre ou dor. Qualquer que fosse o caso, eu estava constantemente reavaliando as necessidades de meus pacientes e priorizando (e depois reordenando) qual tarefa seria concluída em seguida. Se você trabalha em uma posição que exige que seja multitarefas, é muito provável que tenha que reajustar constantemente seu planejamento com base no que está acontecendo em um determinado momento. Para fazer isso com eficiência, você deve ser capaz de determinar instantaneamente o que é urgente (o que precisa ser feito de imediato para evitar consequências negativas) e o que é importante (tarefas que precisam ser feitas em tempo hábil). Às vezes, você pode precisar delegar ou reorganizar o que será feito a seguir — a chave é que você precisa ser flexível para poder se adaptar às mudanças à medida que elas ocorrem.

CONSOLIDE E AGILIZE OS PROCESSOS

Dependendo de sua ocupação, haverá diferentes maneiras de racionalizar e consolidar as tarefas para a máxima eficiência. Talvez seja reduzindo o número de aplicativos que você usa ou criando sistemas automatizados para tarefas repetitivas. Não importa onde você trabalhe ou o que faça, há maneiras de melhorar sua eficiência ao criar sistemas que racionalizem o fluxo de trabalho. Por exemplo, quando eu trabalhava no hospital, usava um jaleco com bolsos extragrandes nos quais podia guardar suprimentos usados com frequência, assim eu sempre tinha o que precisava. Ao fazer isso, eliminei deslocamentos desnecessários à sala de suprimentos ou ao posto de enfermagem, poupando-me tempo que eu nem tinha.

IMPLEMENTAÇÃO: Quebrar suas metas de longo prazo em ordem inversa e adicionar as etapas apropriadas ao seu calendário deve levar de 15 a 20 minutos. Se você achar que está demorando muito, dê a si mesmo uma pausa e volte a isso mais tarde. Entendi que, quando estou levando um tempo desafiador para descobrir algo, uma pequena pausa pode ajudar meu cérebro, subconscientemente, a resolver os detalhes por conta própria.

CONCLUSÃO
Pensando em si mesmo

Você provavelmente já se perguntou várias e várias vezes: "Como algumas pessoas conseguem ter tanto tempo em suas rotinas diárias enquanto eu luto para cumprir minhas tarefas?" Talvez tenha sonhado com uma vida onde haja muito tempo para você fazer todas as atividades de que gosta. Para você e para um número sempre crescente de indivíduos, uma gestão mais eficiente do tempo parece estar sempre fora de alcance.

A boa notícia é que preencher sua vida com mais coisas que você gostaria de fazer e conquistar é mais do que possível com um pouco de disciplina e alguns pequenos ajustes em seus hábitos diários.

Siga os passos

Sei o que é estar esgotado, desorganizado e sempre limitado pelo tempo. Mas também sei que reclamar e desejar mais tempo no dia não vai ajudar você a conseguir nada — você precisa estar disposto a fazer ajustes e aprender novos hábitos. A boa notícia é que, ao pegar este livro e lê-lo até este ponto, você provou que está pronto para fazer o que é preciso para implementar sistemas mais eficientes e fazer melhor uso de seu tempo. Você já tem todas as ferramentas necessárias para aplicar as estratégias apresentadas no livro e ao começar a usá-las, você notará que sua vida vai mudar para melhor. A utilização desses métodos lhe dará mais tempo para concentrar-se nas coisas que mais importam, seja tirando férias, aprendendo um novo hobby ou simplesmente passando mais tempo com família e amigos. Se você tiver dificuldade em alguma área, volte e releia o tópico relacionado ao assunto. E não deixe de conferir também o capítulo de recursos, no fim deste livro, em que listei muitas outras ferramentas que podem ajudá-lo a encontrar uma melhor estratégia de gerenciamento de tempo.

Dê a si mesmo uma pausa
"Quando o poço está seco, nós sabemos o valor da água."

-BENJAMIN FRANKLIN

Isto já aconteceu com você? Você está sentado à mesa tentando descobrir como vai realizar tudo o que está em sua lista de afazeres. Há um grande projeto à sua frente, toneladas de papel e uma reunião de pais e professores para participar naquela noite, então você começa a eliminar todos os cuidados consigo mesmo de sua agenda. Você pula o almoço, pega outro café, cancela sua aula de Pilates, compra comida no drive-thru e depois trabalha a noite toda até não conseguir mais manter os olhos abertos. O dia seguinte é mais do mesmo, mas agora você se sente esgotado, irritado e exausto. Quando chega em casa do trabalho, você se irrita com seus filhos, queima o jantar e, finalmente, vai para a cama com raiva, derrotado.

O autocuidado não é autoindulgente, é um componente necessário para manter seu bem-estar e se manter no caminho certo. Embora você possa pensar no autocuidado como um luxo, como ir ao spa ou fazer as unhas, ele é muito mais complexo. Em um artigo da revista *Psychology Today*, intitulado "Self-Care in a Toxic World" ("Autocuidado em um mundo tóxico", em tradução livre) a psicóloga PhD Christine Meinecke define autocuidado como "escolher comportamentos que equilibrem os efeitos dos estressores emocionais e físicos: exercitar-se, comer alimentos saudáveis, dormir o suficiente, praticar ioga ou meditação ou técnicas de relaxamento, abster-se de abuso de substâncias, buscar saídas criativas, fazer psicoterapia".

Quando você tem muito a fazer, pode parecer contraintuitivo dar uma pequena pausa. No entanto, a verdade é: se você continuar se forçando quando estiver mentalmente exausto, você se tornará irritável e estressado e terá dificuldade para se concentrar. Fazer intervalos, comer alimentos saudáveis, meditar e praticar atividade física ajudam a recarregar suas baterias, que é exatamente o que você precisa quando está sem energia.

A boa notícia é que não há necessidade de gastar muito tempo para recarregar suas baterias, muitas vezes, uma simples pausa de quinze minutos serve. Tony Schwartz, CEO do Energy Project, afirma: "Concentre-se da maneira mais focada possível quando estiver trabalhando e depois faça uma pausa pelo menos a cada noventa minutos para recarregar as energias. Qualquer atividade — como respirar fundo, ler um romance, conversar com um amigo ou fazer uma corrida — pode ser eficaz. O segredo é escolher algo que você considere revigorante."

Faça o que funciona para você

No capítulo 1, falamos sobre fazer o trabalho mais importante logo pela manhã, quando sua mente está fresca, mas algumas pessoas são geneticamente noturnas, o que significa que a duração de seu sono, seu tempo e ritmos circadianos diferem dos das outras pessoas, as matutinas. De acordo com um artigo publicado no site New medical life sciences, intitulado "Circadian rhythm length variations", ("Variação do ritmo circadiano", em tradução livre) "O horário de dormir e acordar difere entre os indivíduos, e é mais óbvio em relação ao estado de alerta matinal ou noturno. Algumas pessoas são indivíduos do tipo matutino (as 'cotovias') e acordam cedo, produzem mais de manhã, mas decaem relativamente cedo à noite. Outras (as 'corujas') acordam apenas no fim da manhã ou no meio do dia, mas têm o pico de produtividade à noite e dormem tarde".

Se você é uma coruja noturna, enfrente as tarefas menos importantes pela manhã e depois concentre-se nas mais importantes quando estiver mais alerta. Não há "tamanho único" na gestão do tempo, apenas sugestões e dicas de estratégias que funcionaram bem para os outros e que podem funcionar para você. Você precisa experimentar diferentes técnicas para ver o que funciona melhor para sua personalidade e para cada situação.

Quando comecei a experimentar técnicas de gerenciamento de tempo, testei uma tonelada de diferentes aplicativos e planners. Primeiro, comprei um planner de bolso feito de couro elegante que cabia perfeitamente em minha bolsa, era do tamanho de um talão de cheques. Contudo, depois de usá-lo por algumas semanas, percebi que não era muito prático, que não havia espaço suficiente para escrever todas as minhas tarefas e compromissos no minicalendário e espaço para anotações. Nos dois anos seguintes, testei vários tipos de calendários e aplicativos para smartphone até encontrar o sistema que funcionava bem para mim. O segredo é tentar diferentes estratégias e sistemas, muitas vezes você não saberá se eles funcionam até usá-los por algum tempo.

Comprometa-se com o processo

Não importa o que você queira fazer — seja obter um diploma universitário, aprender um instrumento musical ou tornar-se melhor na gestão do tempo —, você tem que se comprometer com o processo. Não há poção mágica, nada disso funcionará a menos que você se esforce. A boa notícia é que todas as estratégias de produtividade apresentadas neste livro são simples e fáceis de executar.

Quando você está trabalhando para atingir a meta, pode haver momentos em que acredita que o processo não está funcionando e queira desistir. Se isso acontecer e você se sentir sem inspiração, volte ao seu porquê. Escreva as razões pelas quais você quer alcançar uma melhor gestão do tempo, como passar mais tempo com sua família, tirar mais férias ou abrir um negócio. Ter objetivos claros pode ser um poderoso motivador para continuar quando as coisas se tornam desafiadoras.

VOLTE AO CAMINHO CERTO

Haverá momentos em que você deixará de lado seus hábitos recém--formados. Quando isso acontecer, retome de onde parou e recomece. Admito que, quando chega o fim de semana, estou pronta para deixar o trabalho de lado e aproveitar meu tempo livre. Por causa disso, há momentos em que pulo minha sessão de programação de intervalos de tempo de domingo à noite. Penso: "Ficarei bem sem minha lista. Vou me lembrar do que preciso fazer." Porém, a segunda-feira chega e fico lenta para começar o dia, menos concentrada e não tão produtiva como costumo ser. A beleza da gestão do tempo é que cada dia é como uma folha em branco. Se você se desviar ou sair de sua rotina, pode sempre se reorientar e recomeçar no dia seguinte.

REFORÇANDO OS BONS HÁBITOS

Eu escolho fazer exercícios fora de casa porque descobri que, quando há um instrutor para me cobrar, fico mais motivada. Quando faço exercícios em casa, é muito provável que eu pegue mais leve ou que não me esforce. Ter um parceiro responsável pode ser uma maneira convincente de reforçar os bons hábitos. Se você achar que está tendo problemas para se comprometer com o processo, peça a um amigo de confiança ou membro da família (de preferência, alguém que tenha o mesmo objetivo) para ser seu motivador pessoal.

Ter alguém que vigie o que você está fazendo o ajudará a manter-se no caminho certo. Se as recompensas o motivam, crie um sistema em que você se dá um prêmio quando atinge seus objetivos. Descobri que uma combinação das duas estratégias funciona extremamente bem no reforço de hábitos positivos.

Faça no seu tempo

Se você achar que está ficando sobrecarregado com o processo, diminua a velocidade. Não há um prazo para completar as estratégias deste livro. Todos os exercícios podem ser implementados um de cada vez, mas, à medida que você for avançando, perceberá que eles se constroem uns sobre os outros, liberando gradualmente mais e mais espaço em seu dia. Contanto que você esteja comprometido e reserve um pouco de tempo em sua rotina para implementar os métodos, você se tornará melhor em ser um mestre de seu tempo. Lembre-se de que a gestão do tempo é um processo de aprendizado, é preciso descobrir quais sistemas funcionam melhor para você. O objetivo é continuar dando um passo de cada vez até que você finalmente tenha alcançado seu destino.

Não há maneira errada

"Criar bons hábitos pode ser um trabalho duro, e os erros fazem parte do processo. Não declare o fracasso simplesmente porque você fez besteira ou porque está tendo dificuldades para atingir seus objetivos. Em vez disso, use seus erros como oportunidades para se fortalecer e se tornar melhor."

-AMY MORIN

A maioria das pessoas tende a ver as coisas como oito ou oitenta, certo ou errado, entretanto, com a gestão do tempo, não há respostas certas ou erradas. Há apenas estratégias e métodos, e alguns podem funcionar para você, enquanto outros, não. A única maneira de ter certeza é testando as várias técnicas e observando quais delas têm um impacto significativo em seu dia. Por muito tempo, tentei administrar todos os meus calendários e agendas digitalmente, pois isso me pareceu mais intuitivo. Mas o que descobri por meio do meu processo de tentativa e erro é que estou mais inclinada às ferramentas físicas, como planners de papel e cadernos. Se eu não tivesse explorado todas as minhas opções e experimentado métodos diferentes, nunca teria sido capaz de fazer tudo o fiz em minha vida profissional e pessoal.

CRIANDO SEUS PRÓPRIOS SISTEMAS

À medida que você se treina para ser mais eficiente, pode criar seus próprios sistemas únicos. Para a minha rotina, eu criei o método Pare de ficar esperando (Stop waiting around). Por exemplo, sempre que estou aquecendo algo no micro-ondas, eu me desafio a ver quantas tarefas posso completar enquanto o temporizador está ativado. Normalmente, consigo colocar ou tirar a louça da lava-louças, limpar as bancadas ou separar as correspondências. Em vez de esperar ociosamente que as coisas aconteçam, uso essas microunidades de tempo para ir eliminando as tarefas.

Todos os dias, aplico essa mentalidade ao tempo que tenho disponível para mim. Se estou sentada no consultório médico esperando para ser chamada, em vez de folhear uma revista na qual não tenho interesse, escolho ler um livro, fazer um brainstorming ou responder alguns e-mails pelo meu smartphone. Pela manhã, quando estamos esperando o ônibus escolar chegar, revejo os conceitos matemáticos com minha filha. Todos nós temos pequenos espaços de tempo em nossos dias que podem ser otimizados para uma maior produtividade.

Tenha propósito

"Como passamos nossos dias é, claro, como passamos nossas vidas. O que fazemos com esta ou àquela hora é o que estamos fazendo. Um cronograma nos protege do caos e dos caprichos. É uma rede de captura dos dias. É um andaime sobre o qual um operário pode ficar de pé e trabalhar com ambas as mãos em seções de tempo. Um cronograma é um protótipo de razão e ordem — idealizado, projetado e depois trazido à realidade; é uma paz e um refúgio colocado na ruína do tempo; é um barco salva-vidas no qual você se encontra, décadas mais tarde, ainda vivendo."

-ANNIE DILLARD

Quando você vai direto ao ponto, a gestão do tempo tem tudo a ver com a tomada de pequenas decisões conscientes para que suas ações tenham propósito. Você pode optar por olhar o Instagram por trinta minutos ou pode escolher ler um livro que beneficiará sua carreira. Você pode optar por assistir à TV ou pode usar esse tempo para ir à academia e fazer exercícios — a escolha é sua. Se estiver pronto para ter mais propósito, reserve um momento para anotar como seria sua vida ideal.

QUAL É SUA VIDA IDEAL?

Comece com a rotina matinal. Imagine-a. Em sua vida perfeita, como você gostaria que o dia começasse? Você acorda revigorado, alegre e pronto para enfrentar o dia? Você se imagina lendo o jornal e bebendo café enquanto sua família toma café da manhã ao seu lado? Você se vê fazendo ioga antes de ir para o trabalho? Faça esse exercício durante todo o dia, incluindo todos os pequenos detalhes, como sua aparência, que atividades você está fazendo e, o mais importante, como você se sente quando está fazendo cada atividade. Quando concluir esse exercício, é importante observar quais coisas não estavam em sua lista, como passar tempo em mídias sociais ou jogar no celular.

Uma vez que você tenha seu cenário ideal definido, comece a investigar as pequenas maneiras pelas quais pode tornar sua vida ideal uma realidade. Não há necessidade de fazer grandes mudanças, quando se tenta mudar rápido demais, isso geralmente é esmagador. Eu mesma, quando começo a me sentir esgotada em uma área, procuro pequenos aspectos que eu possa modificar para tornar minha vida mais simples. Por exemplo, as manhãs dos dias de semana são agitadas em nossa casa. Todos estão correndo tentando se preparar rapidamente para que possamos sair a tempo. Eu ficava tão sobrecarregada com todas as tarefas que tinha que fazer no meio do caos da manhã que estava constantemente frustrada e irritada, não era a melhor maneira de começar o dia. Para criar uma rotina matinal mais tranquila, comecei a acordar apenas quinze minutos antes e a programar a cafeteira e fazer o almoço de minha filha na noite anterior. Ao fazer essas simples modificações, dei-me ao luxo de passar um pouco mais de tempo de qualidade com minha filha a cada manhã antes de ela ir para a escola. É uma maneira maravilhosa de ter mais tranquilidade no meu dia, em vez de me sentir estressada antes mesmo de começar.

CRIE UMA LISTA DE "PARE DE FAZER ISSO"

Você obviamente já ouviu falar da lista de afazeres, mas já pensou em criar uma lista de coisas para parar de fazer? Eu também não tinha pensado até ler sobre esse método no blog da autora e palestrante motivacional Danielle LaPorte. Ao longo dos anos, usei muito essa estratégia para conseguir deixar de lado hábitos e atividades que não me servem bem e isso tem sido transformador. Quando você tem a clareza do que não quer em sua vida, você se torna mais focado nas coisas que quer. Danielle escreve: "Para ser bem-sucedido (independente do que significa a SUA definição de 'sucesso' pessoal), o que você deixa de fazer é tão importante quanto o que você começa a fazer."

As coisas que eu incluí em minha própria lista "pare de fazer isso" são:

→ Sobrecarregar-me demais.
→ Acessar as redes sociais à toa.
→ Preocupar-me com as coisas que não posso mudar.

→ Assistir a vídeos de preparação de receitas.

→ Ler comentários negativos sobre artigos.

→ Verificar sem querer meu smartphone.

DEFINA O SUCESSO À SUA MANEIRA

Há momentos em que me sinto culpada por sempre criar objetivos maiores e melhores, e, como resultado, não me permito sentir bem-sucedida. O problema com essa mentalidade, como o pesquisador e especialista em felicidade Shawn Achor escreve em seu blog, é que "a felicidade alimenta o sucesso, e não o contrário. O problema de colocar o sucesso antes da felicidade é que o sucesso é um alvo móvel — uma vez alcançada uma vitória (algo que você pensou que traria felicidade), você empurra o objetivo para mais longe, então a felicidade continua se distanciando".

Anos atrás, fui inspirada por um coach de negócios que, através de um modelo de receita, pressionou seus clientes a expandirem e concretizarem seus objetivos. Embora esses métodos tenham tido sucesso na criação de resultados maiores para meu negócio, eles não estavam alinhados com meus valores essenciais. Na verdade, quando olho para trás, percebo que estava estressada, sentia-me insegura e não fazia o que queria no meu tempo livre, que era passar tempo de qualidade com minha família e meus amigos.

O que aprendi no caminho é que você é o único que pode definir as condições para o sucesso em sua vida. Quando estiver chegando a esses parâmetros, certifique-se de manter seu "por que" sempre à vista. Quando trabalhar para alcançar seus objetivos e definir o sucesso com base em coisas que lhe trazem realização, você verá que sua produtividade aumentará porque estará se concentrando no que é verdadeiramente importante e no que nutre sua alma.

Calendário de intervalo de tempo

Se você prefere ferramentas físicas de organização, o modelo a seguir pode ser copiado e usado como um calendário semanal de bloco de tempo

	SEGUNDA-FEIRA	TERÇA-FEIRA	QUARTA-FEIRA	QUINTA-FEIRA	SEXTA-FEIRA	SÁBADO	DOMINGO
6:00 AM							
6:30 AM							
7:00 AM							
7:30 AM							
8:00 AM							
8:30 AM							
9:00 AM							
9:30 AM							
10:00 AM							
10:30 AM							
11:00 AM							
11:30 AM							
12:00 PM							
12:30 PM							
1:00 PM							
1:30 PM							
2:00 PM							
2:30 PM							
3:00 PM							
3:30 PM							
4:00 PM							
4:30 PM							
5:00 PM							
5:30 PM							
6:00 PM							

	SEGUNDA-FEIRA	TERÇA-FEIRA	QUARTA-FEIRA	QUINTA-FEIRA	SEXTA-FEIRA	SÁBADO	DOMINGO
6:00 AM							
6:30 AM							
7:00 AM							
7:30 AM							
8:00 AM							
8:30 AM							
9:00 AM							
9:30 AM							
10:00 AM							
10:30 AM							
11:00 AM							
11:30 AM							
12:00 PM							
12:30 PM							
1:00 PM							
1:30 PM							
2:00 PM							
2:30 PM							
3:00 PM							
3:30 PM							
4:00 PM							
4:30 PM							
5:00 PM							
5:30 PM							
6:00 PM							

Agradecimentos

É engraçado, lá no fundo, sempre sonhei em escrever um livro, mas quando a ideia me foi apresentada, inicialmente disse não. Na verdade, eu não pensava que tinha um livro inteiro dentro de mim. Portanto, obrigada à equipe da Callisto Media por me tirar da minha zona de conforto e por me dar a oportunidade de escrever este livro. A persistência, paciência, gentileza e sabedoria de vocês durante todo o processo têm sido nada menos que estelares. Eu não poderia ter pedido uma primeira experiência de publicação melhor.

Mal sabia eu quão intenso seria o processo de escrita enquanto dirigia um negócio e administrava minha vida cotidiana. Não teria sido capaz de fazer isso sem o amor incondicional e o apoio de meu marido e melhor amigo, Jeff. Mais uma, vez você me deu uma oportunidade de explorar e expandir minha carreira além dos meus sonhos mais loucos e sou eternamente grata por isso. Obrigada por acreditar em mim e por ser meu parceiro nesta incrível jornada.

O motivo pelo qual comecei a trabalhar em casa foi que minha filha, Hadley, veio ao mundo e eu não conseguia imaginar deixá-la aos cuidados de outra pessoa. Obrigada por me motivar a dar um salto no escuro no mundo do empreendedorismo, nunca estive tão feliz em minha carreira ou em minha vida e devo muito disso a você.

Tenho a sorte de ter pais que me ensinaram o valor do trabalho duro, da disciplina, dos modos, do respeito e me ajudaram a ter sucesso na vida. Agradeço tudo o que vocês fizeram por mim. Sem sua orientação, eu não seria a pessoa que sou hoje.

Dizem que, se você teve um amigo verdadeiro em toda a vida, você foi abençoado. Bem, eu devo ter sido superagradável em minha vida passada porque sou abençoada com algumas das melhores amigas do mundo, que continuamente me animam e me colocam para cima. Obrigada por seus inabaláveis encorajamento e apoio.

Por último, mas não menos importante, obrigada a todos os meus leitores do The Work at Home Woman. Sem vocês, eu não teria uma plataforma ou esta oportunidade de compartilhar meus conhecimentos em uma base mais ampla. Obrigada por seu reconhecimento, isso significa o mundo.

Recursos

Livros

168 Hours: You Have More Time Than You Think, de Laura Vanderkam (Portfolio, 2011)

Eat That Frog!: 21 Great Ways to Stop Procrastinating and Get More Done in Less Time, de Brian Tracy (Berrett-Koehler Publishers, 2017)

Trabalhe 4 horas por semana: fuja da rotina, viva onde quiser e fique rico, de Timothy Ferriss (Planeta, 2016)

Getting Things Done: The Art of Stress-Free Productivity, de David Allen (Penguin, 2015)

A mágica da arrumação: A arte japonesa de colocar ordem na sua casa e na sua vida, de Marie Kondo (Sextante, 2015)

O milagre da manhã: O segredo para transformar sua vida (antes das 8 horas), de Hal Elrod (Best Seller, 2018)

The 12 Week Year: Get More Done in 12 Weeks than Others Do in 12 Months, de Brian P. Moran (Wiley, 2013)

Este é o melhor ano da sua vida: cinco passos para alcançar os seus mais importantes objetivos, de Michael Hyatt (CPAD, 2018)

Aplicativos de produtividade

Asana
Asana.com

Cozi
Cozi.com

Evernote
Evernote.com

Rescue Time
RescueTime.com

Remember the Milk
RememberTheMilk.com

SoapBox
SoapBoxHQ.com

OmniFocus
OmniGroup.com/OmniFocus

Time Doctor
TimeDoctor.com

Todoist
Todoist.com

Toggl
Toggl.com

Flipd
FlipdApp.co

StayFocused
Bit.ly/2Lo1EfE

Strict Workflow
Bit.ly/2J1Ksdn

Aplicativos de organização digital

Evernote Scanner (ios)
Apple.co/2DMfa7h

Adobe Scan
Bit.ly/2AXhiVd

DropIt (para PC)
DropItProject.com

Hazel (para Mac)
Noodlesoft.com

Rastreamento de mídias sociais/Aplicativos de rastreamento de uso de dispositivos

Quality Time
QualityTimeApp.com

Social Fever
Bit.ly/2XYAo9k

AppDetox
Play.Google.com/store/apps/details?id=de.dfki.appdetox&hl=pt_US

Ferramentas de produtividade para imprimir

David Seah
DavidSeah.com/productivity-tools

Mom Agenda
MomAgenda.com/printable

Productive Flourishing
ProductiveFlourishing.com/free-planners

Sarah Titus
SarahTitus.com/category/printables-calendars

Smartsheet
Smartsheet.com/free-time-management-templates

Websites

Brian Tracy
BrianTracy.com

I'm an Organization Junkie
OrgJunkie.com

Julie Morgenstern
JulieMorgenstern.com

Productive Flourishing
ProductiveFlourishing.com

Productivityist
Productivityist.com

Time Management Ninja
TimeManagementNinja.com

Referências

Capítulo 2

HINDY, Joseph. *When You Stop Checking Facebook Constantly, These 10 Things Will Happen.* Disponível em: http://www.lifehack.org/articles /communication/when-you- stop-checking-facebook-constantly-these-10- things- will- happen.html. Acesso em: 13 de mar.2019.

KRAUSE, Joseph. *The History and Evolution of SMART Goals.* Disponível em: http://www.achieveit.com/resources/blog/the-history-and-evolution-of-smart-goals. Acesso em: 13 mar. 2019.

MORAN, Brian P. *The 12 Week Year: Get More Done in 12 Weeks Than Others Do in 12 Months.* Nova York: Wiley, 2013.

NIELD, David. *How to Find Out Which Apps and Websites You're Most Addicted To.* Disponível em: http://www.gizmodo.com/how-to-find-out-which-apps-and-websites-youre-most-addi-1822667517. Acesso em: 13 mar. 2019.

PANGANIBAN, Kix. *Quitting Facebook Made Me a Happier, More Productive Individual.* http://www.medium.com/@kixpanganiban/quitting-facebook-made-me-a-happier-more-productive-individual-f8ee6016f7b1. Acesso em: 13 mar. 2019.

TAMARA P.. PATRICIA R. *How Many Times Are People Interrupted by Push Notifications?* Disponível em: http://www.askwonder.com/q/how-many-times-are-people-interrupted-by-push-notifications-58efcbf59682ca280093ebd9. Acesso em: 13 mar. 2019.

VAN ZANTEN, Boris Veldhuijzen. *This Hidden iOS Function Shows How Much Time You're Wasting on Which Apps.* Disponível em: http://www.thenextweb.com/insider/2017/08/25/hidden-ios-function-how-much-time-wasting-apps. Acesso em: 13 mar. 2019.

Capítulo 3

FERRISS, Timothy. *Trabalhe 4 horas por semana: fuja da rotina, viva onde quiser e fique rico.* São Paulo: Planeta do Brasil, 2016.

STUART, Annie. *Divide and Conquer Household Chores.* Disponível em: http://www.webmd.com/parenting/features/chores-for-children. Acesso em: 13 mar. 2019.

Capítulo 4

AGUIRRE, Sarah. *Conquering Clutter with the 4-ContainerMethod.* Disponível em: http://www.thespruce.com/conquering-clutter-the-4-container-method-1900130. Acesso em: 15 mar. 2019.

KONDO, Marie. *The KonMari Method.* Disponível em: http://www.konmari.com/pages/about. Acesso em: 15 mar. 2019.

WALSH, Peter. *Peter Walsh's Organizing Ideas for Every Room in Your Home.* Disponível em: http://www.oprah.com/home/organizing-tips-from-peter-walsh-declutter-your--home/all. Acesso em: 14 mar. 2019.

Capítulo 5

MEETING KING. *How Long Should a Meeting Be?* Disponível em: http://www.meetingking.com/how-long-should-a-meeting-be/. Acesso em: 15 mar. 2019.
NELSON, Lisa. *A Simple Facilitation Technique: The Parking Lot.* Disponível em: http://www.seeincolors.com/a-simple-facilitation-technique-the-parking-lot. Acesso em: 15 mar. 2019.

ROLSTON, Matthew. *How to Look Good on a Webcam.* Disponível em: https://www.youtube.com/watch?v=FMex-9FyljU. Acesso em: 15 mar. 2019.

Capítulo 6

CIRILLO, Francesco. *The Pomodoro Technique: Do More and Have Fun with Time Management.* Disponível em: http://www.francescocirillo.com/pages/pomodoro-technique. Acesso em: 16 mar. 2019.

MEDIAKIX. *How Much Time Do We Spend on Social Media?* Disponível em: http://www.mediakix.com/2016/12/how-much-time-is-spent-on-social-media-lifetime/#gs.qzkM2g1v. Acesso em: 16 mar. 2019.

Newport, Cal. *Have We Lost Our Tolerance for a Little Boredom?* Disponível em: http://www.calnewport.com/blog/2009/02/04/have-we-lost-our-tolerance-for-a-little-boredom. Acesso em: 16 mar. 2019.

PARK, Jooyoung; LU, Fang-Chi; Hedgcock, William H. *Relative Effects of Forward and Backward Planning on Goal Pursuit.* Disponível em: http://www.journals.sagepub.com/doi/10.1177/0956797617715510. Acesso em: 16 mar. 2019.

Conclusão

BILBRAY, Sandra. The Happy Formula for Successful Kids. *Live Happy Magazine.* Disponível em: http://www.livehappy.com/relationships/parenting/happy-formula-successful-kids. Acesso em: 16 mar. 2019.

LAPORTE, Danielle. *Stop Doing.* Disponível em: http://www.daniellelaporte.com/stop-doing-your-next-free-clear-exercise-is-here. Acesso em: 16 mar. 2019.

MEINECKE, Christine. Self-Care in a Toxic World. *Psychology Today.* Disponível em: http://www.psychologytoday.com/us/blog/everybody-marries-the-wrong-person/201006/self-care-in-toxic-world. Acesso em: 16 mar. 2019.

SCHWARTZ, Tony. The Rhythm of Great Performance. *The Energy Project.* Disponível em: http://www.theenergyproject.com/the-rhythm-of-great-performance. Acesso em: 16 mar. 2019.

THOMAS, Liji. Circadian Rhythm Length Variations – Early Birds and Night Owls. *New Medical Life Sciences.* Disponível em: http://www.news-medical.net/health/Circadian-rhythm-length-variations-early-birds-and-night-owls.aspx. Acesso em: 16 mar. 2019.

Ouça este e milhares de outros livros na Ubook.
Conheça o app com o **voucher promocional de 30 dias**.

Para resgatar:
1. Acesse **ubook.com** e clique em **Planos** no menu superior.
2. Insira o código #ubk no campo **Voucher Promocional**.
3. Conclua o processo de assinatura.

Dúvidas? Envie um e-mail para contato@ubook.com

*

Acompanhe a Ubook nas redes sociais!
ubookapp   ubookapp   ubookapp